Desarrollando la Identidad de Marca

Cómo crear una historia única sobre tu negocio para volver irresistibles tus productos

Por Gregory V. Diehl

Adelanto por Alex Miranda

Brand Identity Breakthrough

HOW TO CRAFT YOUR COMPANY'S UNIQUE
STORY TO MAKE YOUR PRODUCTS
IRRESISTIBLE

By Gregory V. Diehl
Foreword by Alex Miranda

ISBN-10: 1-945884-39-8
ISBN-13: 978-1-945884-39-9
Primera Edición, Junio de 2017

GREGORY V. DIEHL

www.GregoryDiehl.net

BRAND IDENTITY BREAKTHROUGH

www.BrandIdentityBreakthrough.com

IDENTITY PUBLICATIONS

www.IdentityPublications.com

NARRACIÓN DE AUDIO - LUIS ALBERTO CASADO

www.LuisAlbertoCasado.com

Para obtener más información acerca de la publicación o promoción de su propio libro o curso, envíe un correo electrónico a la dirección: contact@identitypublications.com

OTROS LIBROS DE GREGORY V. DIEHL:
VIAJAR PARA TRASCENDER: SOBREPASA LOS LÍMITES CULTURALES PARA DESCUBRIR TU VERDADERA IDENTIDAD.

Dedicado a Shola Abidoye y al equipo de Convertport, quienes a través de sus desinteresados gestos, sin querer, me llevaron a convertirme escritor. Élla me hizo demostrarle al mundo que cualquier situación negativa puede pasar a ser positiva si se tiene determinación.

Contenido

"Most people are other people.
Their thoughts are someone else's opinions,
their lives a mimicry,
their passions a quotation."

– Oscar Wilde

"La mayoría de la gente son otras personas.
Sus pensamientos son las opiniones de otra persona,
sus vidas una imitación,
sus pasiones una cita."

– Oscar Wilde

PRÓLOGO

Por Alex Miranda

¿Qué pasaría si te dijera que no tienes que pasar diez años en las montañas del Himalaya para encontrar tu propósito en la vida?

¿Y si existiera una fórmula para encontrar LA RAZÓN por la que naciste precisamente en estos tiempos aquí en la tierra?

Esa ha sido la búsqueda que he emprendido desde el 2008 y cuando conocí a Gregory Diehl en el 2014, encontré a alguien más que también había descubierto el secreto, y ahora tenemos la misma misión en la vida: ayudar a otros a encontrar su identidad.

He sido emprendedor desde que tengo seis años, y realmente nunca he dejado de serlo. Como la mayoría de ustedes, empecé vendiendo dulces o limonada, luego pasé a trabajos como lavar coches o cortar césped. A medida que crecía, encontraba maneras más creativas de ganar dinero. Desde tocar música en la esquina por dinero (ilegalmente), hasta vender discos piratas u otras sustancias. Nosotros los emprendedores siempre encontramos una forma de avanzar en nuestro propósito de... bueno... ¿qué?

Eso es lo que amo de este libro. Confío en que los lectores entenderán completamente POR QUÉ siquiera hacen lo que hacen, y así ser capaces de traducirlo a un negocio con un propósito.

Gregory y yo nos conocimos porque tengo una agencia de marcas llamada *Creative Complex*. Hemos ayudado a muchos emprendedores apasionados a hacer realidad sus sueños, al proveer servicios de marca (logos, páginas web, lemas, etc.). Parte de una marca es su mensaje clave para el mundo. Gregory y yo nos hemos asociado en muchos proyectos, en los que he notado su don para ayudar al cliente al inicio de uno de los mismos, completar un análisis de marca, y crear una USP (Gregory lo explicará más adelante) que ayudará a la compañía a decirle al mundo exactamente a lo qué se dedica, lo que hace, a quién sirve, y su razón de ser.

Pero Gregory no estaba a mi lado al comienzo de la empresa. Empecé la firma en el 2005 con un par de amigos. Convertimos nuestra sala en una agencia digital. Esto fue cuando MySpace se volvía popular, y los clubes nocturnos de Miami querían aprovecharse de eso. Proporcionábamos logos, sitios web, panfletos, y por supuesto, páginas de MySpace personalizadas a la industria de la vida nocturna. Imagina a tres veinteañeros dueños de una agencia que, un año después, tenían su sede en la famosa Avenida Washington y la calle 14 de Miami Beach, frente al club nocturno *Mansion*.

Cinco años y muchas copas de vino después, estaba cansándome de la vida nocturna. Los clientes no eran buenos, los clubes raramente duraban más de un año, la gente iba y venía, y algo dentro de mí buscaba un camino nuevo para mi vida personal y mi agencia.

Hasta este punto, no era realmente consciente de que ahí afuera había algo más grande que yo. Era un emprendedor que iba por su propia cuenta. Después de todo, ¿no se supone que ser emprendedor implica hacer algo por ti mismo?

Ese día tuve un cambio radical en mi vida: comencé a ir a la iglesia de nuevo.

Desde ese día de transformación, he encontrado mi propio propósito, y me he convertido en un estudioso sobre cómo Dios trabaja dentro de mí y de mi negocio. Empecé a ver todo en mi agencia de gestión de marcas, como algo que hacía porque Dios necesitaba que existiera. Abandoné por completo la vida nocturna y nunca más recibí otro cheque de ningún club. Empecé a ver a mis clientes desde la perspectiva del propósito, y me formulaba preguntas como "¿Qué quiere Dios que esta persona haga en los negocios?". Mis clientes eran muy variados, desde abogados hasta iglesias. Estaba tan inmerso en ayudar a mi propia iglesia a construir su identidad, que creé el libro "La guía para la identidad de marca de la iglesia perfecta", para enseñar a otras iglesias lo que necesitaban saber para conseguir una identidad de marca increíble.

Huelga decir que me apasiona encontrar el propósito de cada persona y la identidad de cada marca. Y me cautiva que una obra así se haya publicado para ayudar a los emprendedores a conectarse con lo estaban predestinados a hacer desde que nacieron.

Me he sentado con miles de ellos desde que abrí las puertas de mi negocio. Buscaban logos y sitios web, así que evidentemente, soy la primera persona que llaman cuando un negocio está arrancando. Y después de ayudar a la gente a salir adelante con sus marcas una y otra vez, llegué a descubrir muchos de los mismos principios que aprenderás de este libro: las mejores marcas son aquellas que saben bien lo que vinieron a ser en este mundo.

El versículo de la biblia donde encontré más inspiración fue en Jeremías 29:11 – "Porque yo sé los planes que tengo para vosotros," dice Jehová, "planes de bienestar y no de mal, para daros porvenir y esperanza".

En mi propia vida, encontré que Dios ha dejado algunas pistas para mí, y quiso que yo supiera EXACTAMENTE, cuáles eran sus planes. Él no me estaba colgando zanahorias de un palo, o escondiendo huevos de pascua para que yo los fuera a buscar. Las pistas estaban justo ahí, esperando a que las descubriera.

A lo mejor estás donde yo me encontraba en el 2008, confinado en un negocio que no te da sentido ni significado. Sabes que fuiste concebido para mucho más, y luchas para saber lo que es.

O tal vez estás haciendo algo que amas, pero podría parecer que no logras encontrar algo que te de empuje. Vives al día, a veces sin la posibilidad de pagarte un sueldo, porque los empleados necesitan cobrar primero. Tienes deudas, tus relaciones se están deteriorando, y simplemente quieres renunciar y volver a tu cómodo "*full time*" como el resto de tus "felices" amigos.

Aún así, otros como tú, ya han decidido cerrar sus negocios, han cometido un suicidio empresarial. Estás abatido y no sabes si quieres volver a levantarte. Hay fuego interno, pero la vela está bastante gastada, y las esperanzas de reavivar esta relación disminuyen cada día.

¿Puedo Compartir Algo Contigo?

Si te encuentras en cualquiera de estas situaciones, necesitas saber que la vida no te trajo hasta tan lejos sólo para acabar con tu sueño.

¡Tu segundo aliento ha llegado! ¡Estás en tu momento! ¿Cómo lo sé? Porque estás sosteniendo este libro entre tus manos.

En este libro, *Desarrollando la Identidad de Marca*, Gregory te enseñará los pasos prácticos para encontrar exactamente cuál es tu propósito en el mundo de los negocios, y cómo dejar que tu audiencia sepa que estás ahí para servirles.

Nunca antes había existido un momento en la historia en el cual conocer tu identidad fuera de tan vital importancia. El paradigma moderno consiste en separar la vida laboral de la vida personal, y tener un propósito más ambicioso divide tu mente entre lo que haces en casa, lo que haces en el trabajo, y lo que haces en el mundo. Estamos forzados a vivir tres vidas, por lo que no es de extrañar que no logremos lo mejor con este asunto del emprendimiento.

Creo que el mayor partido que se saca de este libro, se logra cuando lo lees y descubres que si dejas ir todo lo demás, y mantienes muy presente para lo que fuiste creado, los clientes vendrán magnéticamente hacia ti, y no necesitarás complicarte con el marketing. Empezarás a operar desde un estado de competencia inconsciente, un lugar en donde estás en armonía con tu verdadera identidad y tu negocio, para responder a lo que fuiste llamado a hacer.

Verás, creo que tener una vocación significa que existe alguien ahí afuera que quiere que triunfes, que tiene un propósito para ti y tu negocio, y es tu carga, responsabilidad y obligación, responder a eso y conquistar lo que es tuyo. Cada día que no lo haces es un día más sintiéndote frustrado y furioso por tu situación actual.

Gregory y yo compartimos las mismas creencias sobre la importancia de conocer quién eres y cuál es tu misión en la vida, por esto me pidieron escribir el prólogo de este libro. Ambos creemos que la identidad exacta de tu marca yace dentro de ti esperando a ser descubierta, para que también puedas lograr nuevos niveles de alegría y existencia.

Ambos creemos también que estamos en una posición de ser mensajeros de esa vocación en tu vida, y que tenemos un don especial de sentarnos con CUALQUIERA, incluso los no emprendedores, y ayudarles a ver cuál es su propósito con algunas sencillas preguntas. Vivimos una vida de propósito y estamos en una misión de proporcionar ese valor a otros que estén preparados para responder.

Este libro llegará a tu identidad esencial, y te llevará a despertar en una realidad digna de ser vivida. Y cuando lo averigües, ya no habrá vuelta atrás. Le agradezco a Dios cada día por su llamada en mi vida. Espero que el mensaje de Gregory llegue a todo el mundo, y estoy muy agradecido de ser parte de este viaje contigo, el lector, y el autor.

Tu servidor, esperando ver tus sueños hacerse una realidad,
Alex Miranda, B.S. Cornell University
Autor de La Guía para la Identidad de Marca de la Iglesia Perfecta

PREFACIO

Muchos dueños de negocios y emprendedores, hoy en día, no entienden la esencia de lo que hace a sus ideas sorprendentes. Carecen de narrativa y de un significado más profundo en sus negocios. Se obsesionan por las características más visibles de su marca, pero se olvidan del personaje y de los valores fundamentales. Sin reparar en esto, nunca conseguirán atraerse un mercado, ni que sus productos y servicios logren toda la aceptación que pueden.

Escribí *Desarrollando la Identidad de Marca* para ayudar a empresarios y proyectos de, a crear identidades valiosas, y a contar sus historias al mundo. Desde el primer día hasta dentro de mucho, en el futuro, estas estrategias continuarán maximizando tu impacto en el mercado. Una identidad de marca detallada te evitará incontables errores a lo largo del camino al éxito. Puede ser la pieza clave para dominar el mercado.

Cualquier negocio o emprendedor independiente tiene el potencial para destacar claramente de sus competidores. Si personalizas tu enfoque, puedes eliminar las comparaciones que los consumidores intuitivamente hacen con otros negocios en tu industria, y ocupar una categoría, toda para ti. No sólo serás el mejor en lo que haces: serás el único que hace lo que haces.

Este libro es un viaje de descubrimiento personal y de creación de valor. Prepárate para plantearte preguntas complicadas y descubrir respuestas reales sobre quién eres, y lo que tratas de lograr en el mundo. Prepárate para desarrollar soluciones únicas para los problemas más grandes de tus clientes. Prepárate para mostrar la personalidad y los valores filosóficos que te diferenciarán de la multitud.

Deja de lado (por un momento) lo que crees que sabes acerca de lo que hará a tu negocio exitoso. Ahora estás en tu propio camino hacia una irresistible nueva identidad, que cambiará para siempre la forma en que tu negocio opera en el mundo.

EMPRENDEDORES QUE APRENDEN A CONTAR SUS HISTORIAS

Para ti, lo atractivo de tu producto o servicio resulta evidente. Pero tu público no siente lo mismo que tú. ¿Por qué otras personas no entienden tu mensaje? ¿Por qué no ven los mismos beneficios que son tan obvios para ti? Hablar acerca de lo que haces puede ser más difícil que realmente hacerlo, especialmente si nadie te enseñó a enfocarte en las preocupaciones más urgentes de tu audiencia. *Desarrollando la Identidad de Marca* te dará las habilidades para hablar sobre tu idea de la manera más convincente posible.

EMPRESAS QUE NECESITAN UN MENSAJE COMPLETAMENTE NUEVO

¿Dónde acudir cuando tus antiguas estrategias dejen de funcionar? Si no sabes por qué a tus clientes les gusta trabajar contigo, no sabrás cómo optimizar tu enfoque. No sabrás qué acciones te alejan o te acercan de tus metas. *Desarrollando la Identidad de Marca* te enseñará a identificar lo que hace a tu negocio valioso a los ojos de tu público, y convertirá esto en el principal foco de atención.

EMPRESAS ESTABLECIDAS QUE BUSCAN RENOVARSE

Establecer objetivos más grandes requiere que tu empresa adopte un cambio en su enfoque de marketing. Tal vez has llegado a un punto en el cual tu estrategia de negocio primigenia no te puede llevar más lejos. Es el momento de desplazar tu línea de meta, y expandir horizontes. ¿Existe una nueva meta que podrías alcanzar, fácilmente, si supieras cómo reformular tus propuestas de valor o tu personalidad? *Desarrollando la Identidad de Marca* te enseñará a alinear tu compañía con tus ambiciones más profundas.

Es mi más profundo deseo ayudarte a convertirte en la clase de persona que siempre supiste que podías ser tanto en los negocios, como en la vida.

Gregory V. Diehl
Autor y entrenador
www.gregorydiehl.net

INTRODUCCIÓN

Imagina que vas a bordo de un avión que se ha estrellado en una isla tropical desierta. Eres el único superviviente. A medida que exploras los alrededores y buscas entre los restos del avión, encuentras suministros limitados que te ayudarán a sobrevivir en este ambiente desconocido: una caja de cerillas, una manta, una navaja de bolsillo, comida envasada y material suficiente para construir un refugio básico.

Considerando que podría haber sido mucho peor, eres muy afortunado de comenzar tu vida de superviviente en unas condiciones relativamente cómodas. Todavía no tienes que apagar ningún incendio, ni atender otras emergencias peliagudas. Tienes el lujo de dedicar tiempo a evaluar tu entorno y pensar críticamente, sobre lo que debes hacer después. Sin embargo, eventualmente necesitarás tomar una decisión fundamental. Esta decisión determinará todo lo que te pase desde ese mismo instante. Es la decisión entre jugar seguro y minimizar las probabilidades de perder, o asumir riesgos estratégicos y aumentar las probabilidades de mejorar.

¿Vas a salir y descubrir la manera de cazar? ¿O simplemente vas a quedarte sentado en tu campamento y esperar que alguien más te rescate antes que te acabes los suministros? ¿Vas a aprender a través del ensayo y el error, y a diseñar una lanza para poder cazar al jabalí salvaje? ¿Descubrirás cómo recoger agua de lluvia y buscarás otras fuentes para hidratarte? ¿Vas a hacer el intento de construir un refugio más fuerte para resistir los cambios en el clima?

¿U optarás por lo seguro y te esconderás, racionando cualquier suministro limitado que tengas, con la esperanza de que duren el mayor tiempo posible hasta que alguna fuerza externa intervenga, y te salve de esta horrible situación? ¿Te ves a ti mismo como víctima de las circunstancias en las que solamente alguien con más suerte te puede rescatar? Mientras más tardes en tomar esta decisión, más oportunidades desperdiciarás.

La realidad diaria para los emprendedores es igual a ese escenario de supervivencia en la isla. Estás obligado a ahogarte o a nadar, ya sea para hacer todo lo que puedas con lo que tienes para trabajar en tu ambiente, o negarte a actuar por miedo a empeorar la situación. La vida de tu negocio depende de las actitudes que adoptes ahora.

Por momentos, puedes sentir como si tuvieras que aferrarte a una fina ramita para obtener resultados escasos, y que siempre tendrás que luchar para arreglártelas. Si persistes lo suficiente y aprendes de tus acciones, por momentos te convertirás en un maestro de tu entorno. Sabrás con criterio lo complicado que es realmente arrojar esa lanza con el ángulo exacto para atrapar tu cena cada noche. Tu identidad cambiará, fundamentalmente, en respuesta a las demandas del contexto en el que te encuentras. No serás la misma persona que eras antes de aterrizar en la isla, si asumes el proceso de adaptación.

El hombre que espera por el rescate puede de hecho tener la suerte suficiente de ser rescatado. Aún existe una oportunidad de que viva para ver el futuro, pero lo hará sin haber cambiado en nada. Carecerá de nuevas habilidades, conocimientos y desarrollo de su carácter. Por otro lado, el hombre que domina su entorno, aún siendo rescatado y devuelto a su ambiente anterior, se convertirá en un individuo completamente cambiado, que estará listo para adaptarse una vez más, y dominar cualquier otra situación en la que la vida le coloque. Será capaz de realizar muchas funciones y de albergar muchas identidades, cambiando sin problemas cuando la situación lo requiera.

Tal vez pienses que tienes un buen control del ambiente de negocio en el que has trabajado hasta ahora. Tal vez tu nivel actual de información y habilidades han sido suficientes para sostener tu marca personal o pequeño negocio...hasta ahora. Pero las circunstancias nunca se mantienen igual por mucho tiempo. Un emprendedor, para prosperar en cualquier período de tiempo, debe ser capaz de adaptarse a los nuevos ambientes en los que eventualmente se encontrará. Si nunca nada cambia, simplemente significa que no está creciendo. Al final todos estamos creciendo, o bien, muriendo.

La identidad de tu marca es un producto de tu propio desarrollo como emprendedor. ¿Estás dispuesto a convertirte en el tipo de persona que trabaja en virtud de dominar su ambiente? ¿O simplemente te vas a sentar y esperar a que las circunstancias cambien a tu favor? Lo que define a un maestro de la identidad, es su nivel de comodidad en situaciones desconocidas. Puede ser que no sepa qué hacer, pero tiene la completa certeza de que está más que capacitado para averiguarlo. Un emprendedor es capaz de convertir el caos en orden, y mejorar espontáneamente su situación, cambiando él mismo.

¿Qué pasa si no sabes si tienes o no la personalidad natural de un emprendedor? Si vienes de la postura tradicional de empleado asalariado, puede que no estés acostumbrado a existir de esta manera. Es natural que te sientas abrumado por la idea de convertirte en responsable absoluto de tu propio éxito en los negocios. Sin embargo, el hecho de que estés leyendo este libro, habla mucho más del tipo de potencial que reside en ti, sin importar tu experiencia anterior.

Muchas personas pasan sus vidas sin poder percatarse de la mayor extensión de su potencial porque nunca toman la decisión de romper el molde que la sociedad convencional creó para ellos. Existen ciertos empleos que en efecto requieren que te adaptes, y descubras, y cambies regularmente, pero la mayoría existe dentro del contexto de un plan más grande, en el que personas en un nivel más alto que el tuyo dentro de la compañía, deciden por ti.

El propósito de este libro es guiarte durante el viaje transicional desde donde estás hasta dónde quieres llegar. La única forma real de conocer tus límites es continuar probándote a ti mismo. Espero que lleves eso hacia tu corazón a medida que leas los próximos capítulos, y empieces a pensar en cómo una mejor narrativa, comunicación e identificación, pueden llevar tanto a tu vida personal como a tu marca a nuevos lugares, si estás dispuesto a adaptarte y prosperar en la naturaleza indómita que te espera.

Mi Poco Convencional Camino

Para ciertos tipos de persona, el camino convencional nunca es una opción viable. Incluso en la niñez, sabía que había algo que no me gustaba en la forma en que la mayoría de los adultos que me rodeaban habían estructurado sus vidas. No podía entender cómo la mayoría podía ser feliz, pasando su tiempo en empleos que no tenían nada que ver con sus pasiones, y pagaban a duras penas, poco más que lo suficiente para cubrir sus gastos básicos de la vida. Sentía que esta era la norma social aceptada para renunciar a tus sueños de aventura y curiosidad, y que de esa forma encajaríamos mejor en el hoyo que otros ya habían cavado por nosotros. Sabía que debía haber otras maneras de existir.

No fue sino hasta que me hice un poco más mayor, cuando finalmente tuve el poder para explorar mi curiosidad innata sobre las muchas formas posibles en las que el humano, podía vivir en este planeta. En mi cumpleaños número 18, me mudé de la casa de mis padres, en el sur de California, y viví cómodamente en una espaciosa furgoneta Ford Econoline, terminando la preparatoria y manteniéndome mediante clases de guitarra, y otras formas independientes en San Diego. El experimento en el estilo de vida no terminó ahí. El nivel de libertad que viví durante esa primera aventura no guiada, no se podía comparar a la perspectiva que gané de viajar internacionalmente después de la preparatoria. Construir mi profesión mientras viajaba, me forzó a convertirme en adaptable e ingenioso. Fueron tiempos difíciles; pero mi deseo de vivir y hacer dinero bajo mis propios términos, me mantuvieron en el camino elegido; hasta que estuve cómodo financieramente.

Un estilo de vida multicultural también me mostró que el mundo, no era como me lo habían contado. Experimenté disonancia cognitiva mientras continuaba viviendo cosas que contradecían mi antigua visión del mundo.

Viajar por el mundo "a mi bola" me enseñó que los seres humanos toman decisiones no con base en la realidad de las cosas, sino en las historias que inundan sus cabezas sobre cómo son las cosas. Me habían dicho que Latinoamérica era un lugar completamente peligroso e inestable. Por el contrario, encontré algunas de las mejores y más funcionales comunidades en la tierra. Aprendí también que las historias pueden ser usadas para alterar y manipular muy fácilmente la mentalidad de la gente con un propósito específico. Como parte de mi viaje mundial, trabajé como educador en países como China, Tailandia, Iraq, Italia y diferentes partes de Latinoamérica. Tener ese tipo de exposición directa al desarrollo de niños de tantas sociedades diferentes, me dio una perspectiva única sobre las muchas maneras en que las personas están condicionadas a pensar desde muy temprana edad. Siendo voluntario en Ghana con *Africa Youth Peace Call Liberty and Entrepreneurship Camp*, ayudé a los jóvenes adultos y adolescentes que atendí, a aprender a ver el mundo a través de los ojos de un emprendedor. Eso significaba no sólo crear valor, sino también aprender a comunicarlo a un mundo, que era implacable con las apariencias extranjeras.

Los estigmas a los que se enfrentarían como jóvenes emprendedores surgiendo desde la pobreza a un mercado mundial, son los mismos estigmas a los que te enfrentarías si introduces un nuevo producto, servicio o propuesta de valor a personas que creen que ya saben lo que quieren. La comunicación es el puente que derrumba las barreras predeterminadas que otros levantan a las nuevas ideas, y todo lo que ocurre en función de tu "convincente" identidad de marca. La educación combate la resistencia a nuevas ideas, inherentes a cada uno de nosotros.

Poco después de haber iniciado mis viajes, conocí a un hombre en sus setentas, llamado John A. Pugsley, o Jack para los que le conocían. Jack era un escritor muy influyente sobre la economía de libre mercado, sus títulos más famosos incluían *The Alpha Strategy: The Ultimate Plan of Financial Self-Defense* y *Common Sense Economics: Your Guide to Financial Independence in the Age of Inflation*. Al mismo tiempo, me sentía perdido acerca del rol que iba a jugar en la civilización humana global, de la que estaba gradualmente volviéndome más consciente. Él fue lo suficientemente amable, para dedicar buena parte de su tiempo como mi mentor, en los temas que entendió que me ayudarían a encontrarle sentido a la vida.

John Pugsley falleció a los dos años de conocerle, pero durante ese par de años, aprendí mucho gracias a sus escritos, y al tiempo que pasábamos juntos discutiendo, a cuán gran escala la sociedad humana no tenía que existir, como el caos aleatorio que percibía que era. Todo era parte de un elaborado orden llamado el mercado. Este fue el primer filtro funcional a través del cual, pude encontrar sentido al mundo del intercambio. Me di cuenta de que un emprendedor era alguien que creaba nuevos procesos para producir valor, y podía convencer a la gente de tomar decisiones beneficiosas, que anteriormente no sabían que eran posibles.

Antes de este fundamental cambio de paradigma, me había devanado los sesos por entender cómo la raza humana jamás pudo haber progresado desde su actual estado de política y economía adolescente. A pesar de mi recién encontrada perspectiva sobre la cultura humana, de que no sabía qué hacer con mi vida, ni lo que significaba jugar un papel importante en el mundo humano. Sé que cada acción humana intencional se dirige a la búsqueda de la felicidad, o bien, por evitar la infelicidad. Todos tratamos de hacer nuestras vidas mejores. Todos los demás están haciendo simultáneamente lo mismo en sus propias vidas, de la mejor forma que conocen.

Cada cual tiene distintas ideas sobre lo que es la felicidad, y la mejor manera de adquirirla. Ahí es donde entramos en conflicto, y solamente respetando a un sistema más grande de intercambio de libre mercado, la solución a un conflicto se vuelve evidente. Comienzas a ver a la raza humana y a cada manera en la que interactúan como un sistema de búsqueda de felicidad mutua, desconsiderando nuestras variaciones subjetivas de felicidad. No importa si lo que quieres es diferente a lo que yo quiero, mientras exista una manera de interactuar, donde ambos nos acerquemos a nuestras respectivas metas.

Cuando entiendas un concepto tan simple, verás que el dinero es solo un vehículo mediante el cual la gente intercambia felicidad, y que los negocios proporcionan un método para hacer esto de una forma adaptada y sistemática.

El Enfoque de Este Libro

Si el papel de un negocio es ser un sistema de intercambio de una forma de valor por algo de más valor, ¿qué implica para los emprendedores actuales? ¿Cuál es la mejor manera que tienen para comunicar el valor y potencial que ofrecen, para ayudar a su público a alcanzar estados de felicidad más satisfactorios que antes? La carga para analizar las proposiciones de valor de sus negocios, recae en los emprendedores encarnada en cada uno de los productos y servicios que ofrecen.

De la misma manera, los emprendedores deben también identificar la clase de persona que va a observar ese valor específico, porque no hay dos personas que evalúen las cosas exactamente del mismo modo. Una vez que entiendes estos elementos, tienes que ser capaz de hablar acerca de lo que haces; de manera que atraiga a las personas correctas, y les haga pensar que tu negocio, les puede entregar felicidad de una manera que ningún otro puede.

Las habilidades que he obtenido mediante la educación y las ventas, me han permitido enseñar a los emprendedores que pueden comunicarse de manera más efectiva con sus públicos, y a su vez, reconstruir su identidad de marca por completo; desde el principio. La experiencia de ayudar a docenas de negocios, con una amplia variedad de antecedentes culturales e industrias específicas, es lo que me inspira a compartir lo que he aprendido en este libro.

Este libro ha encontrado algunos obstáculos en su camino a la publicación, pero cada uno me enseñó valiosas lecciones sobre cómo reconocer mi propio mensaje. Pasé incontables horas escribiendo en cafeterías, aviones y taxis, en cerca de una docena de países el año pasado, para traerte hoy este texto. Incluso contraté a una mujer inicialmente para que me ayudara a crear el manuscrito, y alcanzar el estado de *Bestseller* en Amazon. Ella terminó desperdiciando nueve meses de mi tiempo y 5.000 dólares de mi dinero, sin libro en última instancia; y un poco más que mostrar. En vez de dejar que ese revés me apeara del éxito, utilicé esas emociones negativas para galvanizar mis ambiciones sobre lo que quería que el libro fuese. Comprender que dependía totalmente de mí que esto fuese un éxito, me llevó de nuevo a la mentalidad de la "supervivencia en la isla" que llegué a conocer también en mis viajes. Era tiempo de adaptarme o morir, y el libro que estás leyendo ahora es el resultado de mis esfuerzos.

A través de la historia, las mentes más preclaras con las intenciones más valiosas han fallado, porque no pudieron hacer que otros reconocieran el valor de su trabajo. Es una falacia pensar que solamente hacer un gran producto es suficiente. La facilidad de venta de ese producto es por lo menos igual de importante, y es a menudo ignorada por aquellos de mentalidad técnica. Los principios de este libro están destinados a los creadores de productos y servicios, que entregan valor genuino a algún grupo de personas. Estoy en contra de engañar a los demás para que hagan algo que ciertamente no les interesa. La venta ética consiste en hacer que los demás tomen decisiones más informados y desde mejores opciones para lograr su propia felicidad.

No importa si eres un profesional independiente, parte de un equipo pequeño o miembro de algo más grande; en algún lugar dentro de muchos hechos interesantes, características y personas que componen tu negocio, existe una profunda historia que contar, que cambiará por siempre la manera en que el mundo interactúa con tu marca. Puedes aprender a ver tu propia empresa de la forma que lo hace una persona ajena, sin exposición previa.

Aquí no encontrarás ninguna fórmula infalible para obtener éxito instantáneo. Por el contrario, hallarás una serie de principios sobre cómo los consumidores ven a los productos y a las personas que hay detrás de ellos. Se te dará un nuevo prisma con el cual examinar tu propio negocio y tus planes para introducir una idea en el mundo. Así que reduce la velocidad, medita, examina tu interior, y hazte las preguntas difíciles que te llevarán a respuestas con sentido. Harás algo nuevo de ti y de tu negocio.

Ahora estás listo para la grandeza, tanto en tu persona como en tus negocios.

SECCIÓN I

Por Qué la Identidad Importa

Introducción a
Por Qué la Identidad Importa

Tu negocio es un medio para que personas con diversas preferencias subjetivas, intercambien un tipo de valor por otro. Construyendo un negocio que pueda crear valor de manera sostenida, te colocas en una posición donde las personas aprecian tu existencia, y que incluso están dispuestas a pagar por tenerte cerca. Entender este sencillo principio, pone instantáneamente a cualquier emprendedor, muchos pasos por delante de la gran cantidad de gente que nunca se da cuenta, de que están demasiado pendientes de controlar cuánto dinero hacen, simplemente mediante la creación de un valor mayor.

Esta es una premisa fundamental desde la cual operar. Enfocándote primeramente en crear valor, vas a posicionarte desde una perspectiva completamente diferente; y como resultado, todas tus acciones serán distintas. Muchos empresarios se fijan en el valor monetario de lo que están vendiendo, o en el costo del servicio que están ofreciendo, sin observar el valor de lo que se supone que representan esos números. Cifras, cuentas de resultados y hojas de balances comienzan a revolotear en sus cabezas y se apoderan de toda su perspectiva.

Una vez que cambias tu mentalidad a "¿cómo puedo crear valor hoy?" has ganado la batalla más difícil: la de tu propia motivación interna. Si puedes personificar realmente este principio en todo lo que haces como emprendedor, ten por seguro que siempre estarás produciendo y ganándote la vida de alguna manera. Siempre habrá personas dispuestas a intercambiar algo de valor para ti por lo que representas para ellas.

Vivir con la certeza de que no importa qué adversidades te esperen en la vida, ya que siempre estarás preparado para manejarlas, es una poderosa manera de autocontrol. Despertar cada día y enfocarte en qué tipo de valor puedes crear para tu audiencia, te dará la confianza de que nunca serás pobre de nuevo, y que nunca más lucharás para sobrevivir. Incluso si todas tus posesiones terrenales desapareciesen de la noche a la mañana, todavía tendrías la mentalidad y el conocimiento necesarios para recuperarlo todo nuevamente, de manera rápida y efectiva. Ese es el poder de saber cómo hacer a las personas felices, a través de un valor objetivo.

Como emprendedor, la creación de valor siempre será tu primera línea de defensa contra el fracaso empresarial.

El Valor Específico te Hace Sobresalir

El propósito de este libro es ayudarte a aprender a reconocer tu propio valor, el valor de tu negocio, y el valor de tus productos o servicios, desde la perspectiva de tus clientes. Sólo entonces podrás empezar a moldear tu identidad apropiadamente. Si puedes entrenarte para pensar como tus consumidores, podrás adquirir una mejor idea sobre en qué valor deberías centrarte en crear.

Piensa en un producto o servicio al que te sientas conectado de alguna manera. Seguramente, la calidad que te ofrece debe ser superior, o no lo habrías adquirido en primer lugar. Pero de toda la gran cantidad de compras que haces, hay algunas marcas a las que sin duda alguna les eres más leal que a otras. La fuente más potente de este evidente sentido de lealtad, es el sentimiento de que una compañía ha ido más allá, para crear un tipo especial de valor, sólo para ti. Piensa en tu cafetería favorita, que va un poco más allá en servicio, personalidad y ofertas en su menú. Mientras ellos compiten contra compañías mucho más grandes, que tienen muchísimo dinero para invertir en publicidad, tú sigues prefiriéndolos, porque añaden un valor específico al producto y al servicio que ofrecen. Destacan en tu mente más que otros, y forjas una relación real con su marca. Esto da como resultado, que ellos sean capaces de mantenerse a flote en un ambiente altamente competitivo, y sean conscientes de esto o no, de mejorar a su propia manera, las vidas de las personas que se cruzan con ellos.

Este valor no es otro "agregado" o "extra" sobre el servicio básico. Se trata de algo mucho menos tangible, pero esencial para su existencia. Muchas personas hasta la fecha, se aferran a la idea de que en los negocios se trata de ser codicioso; que se intenta engañar a la gente para que te den su dinero ganado con esfuerzo, o forzarlos a querer cosas que realmente no necesitan. O peor, que tratas de quedar por encima de ellos, manteniéndoles en un nivel inferior, mientras tú te haces más y más rico, y ellos más y más pobres. Al contrario, los negocios consisten en la creación e intercambio de cantidades de valor, cada vez mayores. Esto incentiva la innovación en la sociedad, y hace la vida mejor para todos nosotros, del más rico al más pobre.

Hoy en día, la hipotética peor situación que se da entre quienes vivimos en naciones desarrolladas, es generalmente mejor que la de los reyes de épocas pasadas, y tenemos que agradecer esto a las fuerzas del mercado. ¿Qué emperador, con su legión de sirvientes y hordas de guerreros tenía acceso a un teléfono inteligente o a un inodoro? ¿Quién de ellos estaba a salvo de virus invisibles o podía calentar e iluminar un hogar fácilmente? Y todavía así, en el mundo actual, esas son cosas que damos por sentadas para todos, con excepción de los habitantes más necesitados del planeta. Los negocios hacen la vida mejor para todos, incrementando el nivel de vida a través del acceso al conocimiento y a la tecnología.

Mi Momento de Revelación en China

Gracias a una profunda experiencia personal, en uno de mis viajes empecé a entender el emocionante poder de ser capaz de dar a las personas exactamente lo que quieren, de una forma muy específica. Años atrás, lo estaba pasando fatal dando clases en China. Tomé la decisión de dejar el país tan rápido como fuese posible, para alejarme de los altos niveles de control autoritario de los niños a los que ayudaba. Al mismo tiempo, me parecía que los pocos meses que pasé allí, habían sido una pérdida de tiempo para mí y todos los involucrados.

Cuando le dije a la madre de una pequeña que acababa de educar, sobre mis inminentes planes de coger un avión para no volver a mirar atrás, me conmocioné bastante. Sobre todo cuando ella literalmente me rogó que no me fuera, y me ofreció un cheque en blanco para que me quedara, y enseñara a sus hijos a tiempo completo.

Al final resultó que esta familia había estado buscando durante años a un profesor de inglés nativo, que pudiera conectar con su hija emocionalmente, y así pudiera disfrutar del proceso de aprendizaje, pero también para que fuera un tutor de calidad que pudiera conseguir fortalecer sus habilidades para hablar y escribir tan rápido como fuese posible. Estaban deseosos de abandonar China y emigrar a los Estados Unidos, lo que significaba que sus niños necesitarían contar con excelentes habilidades en inglés. Me confesó que había visto más progreso en su hija en nuestras pocas y cortas semanas de trabajo juntos, que en muchos años previos con numerosos profesores de idiomas. Fue en ese momento, cuando se encendió una bombilla sobre mi cabeza. Instantáneamente yo sabía, de una forma muy real, la gran diferencia que representaba tener a alguien que podía darle exactamente lo que ella necesitaba, en vez de algo que era tan sólo "suficiente". Aunque abundaran los profesores de inglés en China, no había ninguno que pudiera satisfacer las necesidades altamente específicas de esta familia de la forma que yo, ya les había demostrado. Terminé quedándome unos pocos meses más para trabajar con ellos directamente, y esto se convirtió en una experiencia altamente gratificante para mí, pues finalmente había visto los resultados del valor que estaba creando. Comprendí que todos tenemos algo que alguien necesita desesperadamente, y ellos estarán enormemente agradecidos con cualquiera que pueda dárselo.

Es bastante común culpar a las circunstancias cuando las ventas no están yendo como a uno le gustaría. Podría ser el clima o simplemente etiquetar a los clientes como holgazanes e ignorantes por comprar en otro lugar. La mayoría de estos empresarios nunca tendrían ese momento de introspección para analizar cómo sus propias acciones, han permitido que estas situaciones existan. Para que las cosas cambien, ellos tienen que cambiar.

Culpar a los clientes por la falta de ventas, es prueba de que el empresario no se ha rodeado de suficiente valor en su actividad, o bien, que no ha comunicado ese valor de la manera adecuada, a las personas adecuadas. Recuerda que todos están en busca de algo. La única razón por la que nosotros tomamos decisiones en el mundo, es la de obtener algo que queremos, o deshacernos de algo que no queremos. Si los emprendedores enfocaran sus negocios despertando cada día y preguntándose, "¿Cómo puedo crear hoy algo de valor?", la caída de sus empresas no dependería de circunstancias externas.

Debido a que los valores de las personas están cambiando constantemente, nunca se podría estar completamente seguro de que el valor específico que puedas crear hoy, seguirá siendo relevante mañana. El estancamiento en tu crecimiento, es una oportunidad de reflexionar y añadir más valor a la identidad de tu marca. ¿Qué es lo que necesitas hacer para resolver las necesidades más urgentes de tus clientes? ¿Cómo les das lo que más necesitan de una forma única e irresistible? La identidad de tu marca debe convertirse en la de la persona que está mejor cualificada, para hacer sus vidas instantáneamente mejores de una manera concreta, así como yo instantáneamente cambié las vidas de esa familia china, al tiempo que no había opciones equiparables.

¿Cómo creas y comunicas ese nuevo valor a tus clientes día a día?

¿Sabes Contar una Buena Historia?

Me llevó largo tiempo aceptar que tan sólo siendo bueno en algo, no era suficiente para atraer la atención, el respeto, o el dinero de otras personas. La verdad es que las acciones de las personas no se basan en lo que realmente son. Se basan en lo que dichas personas pueden llegar a ver, y en cómo piensan que esto les afectará. Así que aunque la esencia de los negocios pueda ser la creación de un valor específico, nunca podrás esperar que tu negocio prospere solamente en virtud de tus ideas. Éstas tienen que presentarse de una manera que respondan las preguntas que la gente se plantea, solucione los problemas de los que son conscientes, y sean fáciles de digerir.

Puede sonar obvio, pero piensa en cuántas veces te has alejado de obtener lo que querías en la vida, porque las personas no pudieron percatarse del valor que tú sabías que tenías. Al principio de mis veintes, luché por entender por qué yo era considerado virtualmente no contratable en los ambientes corporativos convencionales. Mientras había logrado bastantes cosas por mi cuenta, innovando en mis formas independientes de hacer dinero (desde enseñar lecciones de música particulares, hasta ayudar a jubilados a vender antigüedades en Ebay, y arreglar viejos violines y tocarlos por un poco de dinero), nunca parecía ser alguien digno de contratación en una empresa real, con un puesto remunerado.

Mi propia lógica interna fue perfecta para mí mismo. Sabía que, modestia aparte, yo era una persona más inteligente que la media. Desde mi punto de vista, si me asignaras una tarea podría descubrir rápidamente qué patrón conduciría a tenerla lista tan eficientemente como fuese posible, haciendo la cantidad óptima de dinero para mí y cualquiera que tenga el privilegio de estar en mi equipo ¿Por qué entonces continuaba siendo rechazado en estos empleos, los cuales eran otorgados a personas que yo estaba seguro de poder superar?

No sería sino hasta que accidentalmente tropecé en mi primer rol corporativo como redactor, que finalmente lo comprendí, y observé un panorama más amplio de cómo funcionaba el proceso de contratación. Una estudiante de música a la que enseñaba estaba impresionada con mis habilidades para enseñar, y mi obsesión con la comunicación verbal clara; y mencionó que la compañía para la que trabajaba estaba buscando escritores a tiempo parcial, como creadores de contenido para su sitio web. Debido a que me conocía personalmente podría ayudarme, y cuando pasé el proceso de evaluación de habilidades y la entrevista estándar, el trabajo era mío.

Lo que gané de esos dos meses trabajando en un escritorio dentro de un cubículo, rodeado de otros escritorios y otros cubículos, fue una nueva perspectiva de cultura de negocios en Estados Unidos. La razón por la que había tenido tantos problemas para captar la atención que quería del mundo de los empleos "reales", fue porque no había aprendido cómo presentar mi valor de una forma que encajara con lo que ellos estaban buscando específicamente. La descripción de su trabajo no era "joven brillante bueno para resolver cosas y escribir palabras". Eran una serie específica de cualidades combinadas con experiencia laboral comprobable, relacionada con su ámbito laboral. La ironía es que tan pronto como me di cuenta de cómo funcionaba el mundo corporativo, ya se había acabado mi interés por formar parte de él. A partir de ahí, he ayudado a otras personas a preparar sus propios currícula y cartas de presentación para encajar mejor en determinadas posiciones en las que desean estar. Puedo hacer esto por ellos, porque finalmente se trata de hablar sobre el concepto de valor, de una forma que encaje con lo que otros están buscando. Finalmente aprendí cómo responder a las preguntas que la gente se formulaba.

La Importancia de la Narrativa

Las narrativas son estructuras mentales que usamos para organizar la información acerca del mundo. Si rememoras tus días en la escuela, tus recuerdos más negativos probablemente incluyan las veces que tenías que permanecer sentado, y estudiar ingentes cantidades de interminable información para ir preparado a una prueba o proyecto. La razón por la cual estas experiencias son terribles tanto para niños como para adultos, es porque no estamos diseñados para aprender de esta forma. Nuestros cerebros realmente procesan historias en las que la información está conectada a eventos emocionales cambiantes, bastante distintas a un mero flujo de información memorizada.

Por esto las reglas mnemotécnicas y los palacios de la memoria son métodos válidos para retener grandes cantidades de información, o por lo que algunas personas pueden recordar los nombres de cada personaje secundario de la serie de Harry Potter, pero batallan para aprobar sus cursos universitarios.

Siempre he disfrutado al ver películas, incluso las que son realmente malas, porque me resulta absolutamente emocionante analizar el proceso de pensamiento de una persona, que ha elegido contar una historia de una forma particular. Una película ofrece al espectador una historia completa, de principio a fin, llevándole a través de todos los latidos emocionales de su narrativa en dos horas o menos. Puedes elegir fácilmente los temas globales y los matices de desarrollo de personajes que el director, escritor y todas las personas encargadas, trataron de transmitir a múltiples espectadores en un periodo bastante corto.

Incluso cuando todos reconocemos por qué este formato es importante para el éxito de libros y películas, casi nunca aplicamos esto a la historia de nuestras vidas. La mayoría de las personas que hablan sobre sus negocios o profesiones hacen una lista de características y hechos que consideran importantes para lo que ellos son. Esta fue la misma trampa en la que caí de joven, cuando asumí que simplemente por ser inteligente o talentoso, podía garantizar la atención de las personas susceptibles de contratarme.

Reconocerás la misma falacia en casi todas las industrias.

"Yo enseño yoga y Pilates."

"Mi compañía fabrica taburetes de madera."

"Nuestro producto es una tostadora que canta melodías de los Beatles mientras tuesta."

"Yo ayudo a parejas casadas de mediana edad a tener mejor sexo."

Este tipo de descripciones son las formas más básicas de definir lo que haces. Esas son tus características, no beneficios aplicables a mí. Puede que comuniquen su valor, pero solo afectarán realmente a las personas que tienen un interés activo en ese dominio específico, a las personas que ya se hacen las preguntas específicas, que usted está respondiendo. Sólo responderán si ya saben que quieren eso de lo que estás hablando. Si aprendes a contar una historia atractiva acerca de lo que haces, captarás el interés de más personas, y éstas automáticamente buscarán la manera de obtener lo que estás ofreciendo, mientras aprenden y retienen los elementos más importantes.

Mientras mayor sea el beneficio que tus productos ofrezcan, mayor será la infelicidad que estarás ayudando a disipar a tus clientes, cuando tomen la decisión acertada de hacer negocios con tu marca. Utiliza esas emociones a tu favor. Habla acerca de cómo tu empresa ayuda a la gente a sobrellevar las pruebas y obstáculos, pero aprende a hacerlo de manera que el público no pueda evitar verse a sí mismos pasando por esa transformación positiva que ofreces.

Las personas que van a tus clases de yoga pueden estar en busca de mayor libertad de movimiento y alivio de la rigidez en la vida, permitiéndose disfrutar de actividades que no habían probado en años. Tal vez tus taburetes de madera contribuyen a crear una atmosfera única, que puede cambiar totalmente el ambiente de una habitación. La historia nunca es nada más que las funciones técnicas con las que tu compañía cumple. No puedes tener miedo a explorar un poco más.

Una buena narrativa está diseñada para explotar dentro de la curiosidad natural y la atracción emocional, que todo el mundo tiene dentro de sí. Es exactamente de la misma manera que una buena película, un gran libro, o incluso una canción realmente cautivadora, pueden arrastrarnos desde la indiferencia total, a estar plenamente inmersos en lo que esté pasando. Sencillamente, los personajes dentro de nuestra cabeza se vuelven tan reales como las personas que conocemos, incluso cuando ellos existen sólo como información en nuestros pensamientos. Es una tendencia universal para todos nosotros, el querer ofrecer a nuestras mentes nuevas e interesantes ideas con las cuales jugar y ocupar nuestras emociones.

Tu narrativa en los negocios es la historia que deberías estar contando al mundo, acerca de por qué tu negocio existe, y cómo puede cambiar vidas. Parte del propósito de este libro es ayudarte a cambiar gradualmente las conversaciones de "lo que hago" y construir una historia atractiva que se refiera a la motivación, propósito, personalidad, metodología y resultados que ofreces. Cuanto más complejo sea el valor de tu negocio, mayor será la educación que necesitará un cliente potencial para llegar a una decisión de compra. Es aquí donde una buena narrativa se vuelve más importante para tu éxito.

Un producto o servicio de alta calidad, puede ser vendido inclusive, con tan sólo descripciones muy básicas y carentes de cualquier narrativa real, pero cada etapa de progreso será significativamente más difícil. Las historias hacen más fácil atraer a nuevas personas, o convencer a tus clientes anteriores para gastar más de lo que de otra manera no harían. Éstas llevan a las personas fuera de su limitada manera de pensar y dentro de un amplio rango de imaginación, lo que significa abrirse ellos mismos a hacer compras o tomar ciertas decisiones importantes que de otra manera no considerarían.

Sin una narrativa sólida en tu empresa:

- Sólo atraes a personas que responden a explicaciones muy básicas o técnicas de lo que hace tu empresa.
- Te sientes menos comprometido emocionalmente con tu propio negocio, lo que inconscientemente limita el esfuerzo que pones en hacerlo tan exitoso como sea posible.
- Serás eclipsado al competir con compañías que cuentan mejores historias acerca de sus productos, sorprendentemente similares a los tuyos.
- Careces de orientación y metas a largo plazo para tu negocio.
- Pierdes valiosas oportunidades de redes y asociaciones, al no ser atractivo para negocios complementarios.
- Tienes una cultura interna de compañía débil, lo que fragmenta la forma en que tu equipo cumple con sus responsabilidades.

Sin embargo, con una narrativa fuerte incitarás la curiosidad de extraños que de otra forma ignorarían tus productos. Tendrás una inversión personal más fuerte en tu empresa, porque creerás en su razón de ser y en lo que hace. Tus acciones tendrán sentido dentro de un rango de propósito más grande, el cual estará construido sobre un progreso acumulativo. Las otras personas que forman parte de tu organización, entenderán la importancia de sus contribuciones, y por lo tanto, la satisfacción laboral será mayor.

Más importante aún, será más difícil para los competidores actuales o futuros copiar tu enfoque, porque tendrás un matiz de combinación de diferentes factores.

Mantén presentes las siguientes cuatro preguntas, ya que ellas te permitirán centrarte en los aspectos más relevantes de la identidad de tu marca.

1. Define tu idea - "¿Por qué esto debería existir?"
2. Define tu objetivo- "¿Quién necesita esto específicamente?"
3. Define las necesidades de ellos - "¿Por qué ellos se interesarían?"
4. Defínete tú mismo - "¿Por qué deberían comprarme esto?"

La sección II de este libro cubrirá el trabajo preparatorio de afilar la identidad de tu marca, mientras que la sección III abordará el entrenamiento de comunicación que necesitas para compartirla con otros. Continúa, y pronto tendrás todas las herramientas necesarias para contar una historia sorprendente sobre quién eres, y el valor que ofreces.

CAPÍTULO 2

Cuando las Buenas Ideas Fallan

Un negocio consiste en crear valor específico y posteriormente presentarlo de una manera en la que otros estarán predispuestos a apreciarlo. Entonces, ¿por qué tantos emprendedores y creadores con ideas brillantes y buenas intenciones fracasan en el mercado?

Al igual que en muchos aspectos de la vida, tendemos a complicar el mensaje en vez de seguir los simples y probados principios del éxito. Las premisas que hay detrás de este libro son bastante simples de entender, y muchas pueden ser consideradas incluso de sentido común. Entonces, ¿por qué a tantas personas les cuesta tanto integrarlas como parte de su propio negocio? ¿A qué falacias se aferran las personas que se mantienen estancadas en las mismas actividades? ¿Qué patrones de pensamiento necesitan cambiar?

La mayoría de las personas tienden a seguir el camino fácil, tanto en los negocios como en la vida real. Realizan cualquier acción que requiera el menor desgaste mental y esfuerzo físico posible, pero que aparenten apuntar en la dirección a la que desean moverse. Esto ocurre especialmente con el emprendedor ocupado que lidia con muchas prioridades diferentes al mismo tiempo, al intentar levantar un negocio. Debido a la presión de tener todo preparado, llega a conclusiones sin pensar ni considerar lo suficiente. Estas cómodas conclusiones pueden terminar costándoles caras a largo plazo.

A pesar de los muchos antecedentes que un profesional pueda tener, existen patrones observables en ellos que explicarían mucho sobre por qué no son tan exitosos como pueden ser. Con tan solo cambiar unos cuantos malos hábitos, podrían experimentar mejoras significativas en su posición en el mercado. Podrían ganar fácilmente un mejor lugar en el pensamiento de sus clientes, y ver subir rápidamente sus ventas sin realizar ningún cambio en sus productos.

Mientras inicias tu camino hacia una identidad de marca más claramente definida, detente primero y mira hacia atrás, hacia tus propias acciones del pasado, y fíjate si realmente puedes reconocer errores significativos que estés cometiendo. Después de todo, el éxito es simplemente cuestión de hacer las cosas correctas y cometer menos errores.

El Uso Inapropiado de Canales de Comunicación y Estrategias Publicitarias

No todas las formas de comunicación son igualmente válidas. Los caminos que eliges deben ser los apropiados de acuerdo a tus fortalezas, conocimientos e industria.

Algunas personas son muy buenas comunicadoras directas, y por ello sus estrategias de venta deben estar basadas en tener muchas conversaciones directas con compradores cualificados tan pronto como sea posible. Esto también depende de si la naturaleza de lo que vendes es altamente personalizada o hecha a medida. Los servicios de sastrería son difíciles de comercializar o vender por doquier con un enfoque automático de una talla que sirva para todos. En algunos casos, los compradores potenciales sólo necesitan ver una cara u oír una voz, antes de estar lo suficientemente cómodos emocionalmente para realizar la compra que ellos ya saben que quieren realizar.

En otros casos, el producto puede ser muy adecuado para su comercialización a través de las redes sociales o de un canal de "comunicación masiva" similar. Si los compradores de este producto particular son activos en las redes sociales y toman las decisiones basados en la predisposición de una compañía para conectarse con ellos a través de estas plataformas, entonces es ahí donde se debe hacer énfasis. Quizás tu audiencia se sienta más cómoda dándote su dinero y construyendo una relación continua, si ven recordatorios diarios de tu actividad en un contexto más casual. Quizás tus productos simplemente son más adecuados para las ventas *on line* y compras compulsivas.

Sea cual sea el caso, debes entender tanto tu vehículo como el terreno que tienes delante antes de planificar tu viaje. ¿Dónde pasan el tiempo las personas a las que te quieres dirigir y a qué tipo de comunicación responden? ¿Cómo se alinea eso con lo que sabes que eres el más adecuado para hacer? ¿Qué habilidades o herramientas debes adquirir para encajar mejor tus fortalezas y tus preferencias de mercado?

Debido a que no puedes esperar a ser maestro en todos los puntos de la venta, tiene sentido empezar con lo que tú sabes, y contratar o asociarte con otros cuyas habilidades complementen a las tuyas. En este sentido, para conseguir una mayor sinergia, cada una de tus acciones estará respaldada por las acciones de las personas con las que trabajas. Mi fortaleza personal yace más que nada en la comunicación directa y en la articulación focalizada. Sin la ayuda de otros para presentar mi mensaje en el contexto correcto y hacerlo llegar a las personas correctas, la fortaleza de mi mensaje sería insignificante para mi éxito.

PERMANECER EN LA SEGURIDAD DE LAS PROPUESTAS DE VALOR GENÉRICO

A menudo, los emprendedores temen ser muy específicos en su mensaje, porque creen que esto amedrentaría a muchos compradores potenciales, que no responden bien a esa manera particular de comunicación. Esto es propio de gente con mentalidad basada en los números, que piensan que la clave para el éxito es sólo poner su producto frente al mayor número de personas, y esperar a que los ingresos empiecen a fluir.

Pero en pequeños negocios que atienden demandas específicas, se vuelve vital comunicarse así, para que un grupo pequeño de personas pueda encontrarlo altamente atractivo, incluso cuando otros lo ignoren o se sientan completamente ofendidos. De las únicas opiniones de las que te tienes que preocupar son de las de tu mercado objetivo; en otras palabras, las personas que realmente puntúan para comprar lo que estás vendiendo. Las respuestas negativas de quienes de ninguna manera podrían ser tus compradores, pueden tener un resultado neto positivo en el crecimiento de tu marca, porque incluso les llama la atención tu existencia. El objetivo es enfocarse en atraer a quienes tienen un interés definido en comprar tus servicios específicos.

La otra ventaja de volverse más específico es que las personas están dispuestas a pagar más por algo que luzca diferente, único y especial, que por algo que luzca como si hubiera sido hecho para todo el mundo. Debes entender que si todos quisieran exactamente lo mismo todo el tiempo, ese comercio sería imposible. No tendríamos motivaciones para intercambiar lo que ya tenemos, con alguien que tiene algo que queremos todavía más. Enfócate en diseñar productos y servicios que cumplan con una demanda muy específica y particular; y en elaborar un mensaje que hable directamente a las personas que más desean lo que ofreces. Recuerda que no importa si espantas al 99.99% de las personas, mientras estás atrayendo al .01% que realmente importa. Aquí están las frases de valor genérico que puedes empezar a eliminar inmediatamente de tu mercadotecnia ordinaria:

> *"¡Satisfacción 100% garantizada!"*
>
> *"Trabajamos más duro que nuestra competencia."*
>
> *"Los mejores productos a un bajo precio."*

Recuerda siempre que tus clientes están evaluando a quién elegir. Cada compañía tiene un conjunto de competidores, y ellos necesitan descubrir cómo destacar en comparación con otras opciones disponibles. Cada dólar gastado compite contra cada otra forma en que ese dólar podría ser gastado. Tu tarea es descubrir cómo dejarles realmente claro, cómo y por qué eres diferente.

La situación ideal es cuando ellos piensan en tu producto como una categoría totalmente nueva, ofreciéndoles algo que nadie más ofrece. Esto se conoce comúnmente como tener una Propuesta Única de Ventas (USP, por sus siglas en inglés) o Propuesta de Valor Única (UVP, por sus siglas en inglés), y será abordado con más detalle en el **Capítulo 6: Desarrolla una Propuesta Única de Ventas**

ADECUANDO EL ÉXITO A LA REALIDAD

Gracias a un conocimiento superior y a la tecnología, con cada día que pasa, las limitaciones de las acciones humanas van desapareciendo. Debes ser lo suficientemente valiente para lanzarte a la piscina, y ver lo lejos que puedes llegar antes de resignarte a la mediocridad. Lo que otros hayan conseguido puede darte una perspectiva valiosa de lo que es posible, pero de ninguna manera puede ser tomado como una ley irrefutable.

No importa lo grande o exitoso que puedas ser, el número de personas a las que les puedas vender, la suma de dinero que puedas cobrar por tus servicios, o incluso la cantidad que puedas ofrecer. Todas estas son formas de limitación arbitraria. Están basadas usualmente en tradición personal o "conocimiento común", que no es para nada conocimiento ni tampoco el resultado de un experimento de mercado real.

Esto no quiere decir que no haya límites. En esencia existen límites muy reales en todo. De hecho, un límite es cómo definimos lo que es real. Lo importante es identificar lo que es un límite real observable, con base en las leyes físicas y las condiciones del mercado, en contraste con lo que es una limitación artificial, que has inventado en tu propia mente o adquirido de otros.

Esta es la meta por descubrir: determinar dónde existen limitaciones reales, y dónde hemos imaginado que estas están. Es importante formularse siempre preguntas sobre ti mismo y el Mercado. ¿Por qué esto supone un límite? ¿Qué me impide vender más?

¿Dónde están los nuevos mercados en los cuales de momento no estoy vendiendo? ¿Quién más se puede beneficiar de lo que ofrezco, que actualmente no sabe que existo ni ve el valor de lo que hago? Todo lo que hoy es considerado conocido llegó a través del mismo proceso de consulta, y estamos demasiado lejos de saberlo todo.

Esto se aplica de igual manera tanto para los negocios como para las metas personales. Si preguntas a una persona normal que está "palmando" en su negocio, alguien que a duras penas actúa para sobrevivir, cómo hacer un millón de dólares dentro del próximo año lectivo, estarían simplemente asombrados con esa cifra tan larga, porque están demasiado acostumbrados a conceptualizar el dinero en grupos de cientos, o miles a lo sumo. Consideran esto fuera de la esfera de lo posible, simplemente porque no entienden los componentes que van dentro del producto final de un millón de dólares en ganancias.

Por supuesto, la respuesta es siempre la misma, sin importar lo grande que sea el número. Para hacer un millón de dólares en ganancias, necesitas vender un millón de valor que merezca la pena. Esto se puede logar ya sea como un simple dólar un millón de veces, como mil dólares mil veces, o algo así. Esto no es magia ni tampoco hay que ser un genio. Es un proceso totalmente lógico, y no es terriblemente complicado de entender, sólo que el concepto es abrumador, considerando el origen de la mayoría de las personas, y que éstas ya asumen que no es realista. Nunca podrán empezar a formular un plan que pueda verdaderamente hacerlo realidad.

Dividir las cosas en planes más pequeños también puede ser de ayuda. ¿Cómo podrías incrementar tus ventas por 10.000 ó 100.000 dólares? Una vez que creas que ese progreso se puede logar, será más fácil hacer un plan para alcanzar estas metas. La mayoría de las personas puede concebir cómo relucen 10,000 dólares, lo duro que es juntarlos y qué pueden comprar. Por eso pueden empezar a aglutinar sus acciones alrededor de esta idea.

Imitar sin Innovar

Solamente descubres donde están tus limites saliendo de tu zona de confort, probando cosas nuevas y viendo lo que sucede cuando vas donde nadie más ha estado antes. No sientas nunca que debes adherirte a las limitaciones de pensamiento o acción convencionales. La verdadera naturaleza de ser un emprendedor es la de crear cosas que aún no existen. Eres, por definición, no convencional.

La mayoría de las personas no se ponen a prueba porque le temen a lo desconocido, al riesgo, a la primicia, y a la novedad. Como resultado: copian cualquier cosa de probada popularidad. Ven que algo ha sido moderadamente exitoso para alguien más, y por tanto lo copian sin más razón que por el hecho de que pareciera funcionar. Donde fallan es porque no añaden su propia esencia (algún tipo de mejora propia en estilo o función) y por ende, son indistinguibles de entre los competidores establecidos.

Incluso si gestionaran proveer con el mismo producto de una manera más eficiente o crearlo con una calidad superior, estarían aún limitados por un mercado que ya ha sido copado. Estarían peleando por compartir un mercado que alguien más ya ha creado, y sobre el cual posee el control mayoritario. Lo que necesitan hacer es innovar, proponer cosas novedosas aunque no estén seguros de que serán exitosas, pero que al menos estén parcialmente basadas en principios de éxito ya comprobados.

Observarás esto en lanzamientos de películas, tendencias de moda, y todos los otros tipos de patrones de comportamiento en las compras. Los estudios de cine copiarían cualquier género o estilo de películas que hayan sido populares recientemente, así que nos desagrada esa pesada tendencia de todas las películas de superhéroes que comenzaron a salir después del rotundo éxito de El Caballero Oscuro, o adaptaciones de novelas para jóvenes adultos después de que películas como Crepúsculo o Los Juegos del Hambre lograran semejante acierto.

Las personas cuyo trabajo es decidir qué películas se van a poner a producir pensando en algo más que sólo imitar esos éxitos taquilleros, son la clave para la victoria. El próximo año, habrá algo diferente porque alguien más descubrió accidentalmente el éxito con algo nuevo. Puedes apostar que sus imitadores estarán ahí, listos para seguir sus pasos.

Eso no significa que no puedas aprender de lo que las otras personas han probado que funciona y usar esto a tu favor. Lo que eliges producir puede y debe ser una mezcla tanto de viejos como de nuevos elementos. Si haces algo muy nuevo, las personas no tendrán ninguna referencia para eso. Ni siquiera podrían entender lo que están viendo. Si coges algo que hoy es aceptado y lo cambias sólo lo suficiente para que pueda ser considerado distinto y mejor, estarás restableciendo los límites de lo que los consumidores no tenían ni idea que buscaban.

Una buena forma de ubicar ese dulce punto de novedad, es encontrando un producto o servicio popular en el mercado que funcione adecuadamente para la mayoría de las personas la mayoría de las veces, pero que falle en servir perfectamente ciertas necesidades específicas. Las personas solo continúan utilizando las soluciones ordinarias cuando no cuentan con una alternativa mejor. Cuando los productos existen para servir a un público general muy grande, la demanda del mercado se fragmenta en muchas exigencias más específicas. Cualquiera puede venir y tomar una idea genérica que ya haya sido probada en el mercado, y reformularla para cumplir con un propósito más específico.

Fracasar al implementar estos principios que en esencia son valiosos, se debe a que muchos emprendedores no logran nunca despegar del suelo con sus nuevos negocios. O tal vez encuentran algo que ofrecer a un grupo de seguidores comprometidos, pero nunca encuentran una mayor aceptación. Mi meta es llevar a los emprendedores hasta el máximo nivel de oportunidades de éxito desde los inicios de su desarrollo, para que así, esas buenas ideas vayan tan lejos como deseen con el valor que ofrecen.

La siguiente pregunta que quiero que consideres en el siguiente capítulo, versa acerca de tu perspectiva sobre ti mismo y de cómo tus ideas funcionan dentro de tu negocio. ¿Realmente ves el valor de tu empresa con los mismos ojos que tu audiencia? ¿Por qué o por qué no? La respuesta a esta pregunta determinará los fundamentos de la nueva identidad de tu marca.

CAPÍTULO 3

Por Qué no Ves lo que Puedes Ofrecer

Crear una marca es tomar la imagen que tienes de ti mismo o de tu compañía y convertirla en una visión colectiva de la sociedad. Eso significa que para que tu marca tenga el efecto que deseas, tienes que entender qué tipo de identidad estás tratando de mostrar al mundo. Para la mayoría de las personas es extremadamente difícil hacerlo con su propio negocio por muchas razones.

LOS EMPRENDEDORES ESTÁN DEMASIADO PENDIENTES DE SU PROPIO NEGOCIO

La mayoría de las personas están demasiado cerca de su propio negocio como para poder ver nítidamente su propio valor, y parece volverse cada vez más difícil poder mantenerse con una perspectiva objetiva cuanto más tiempo permanecen en el negocio. Cuando hacen las cosas de una forma durante un determinado período de tiempo y tienen éxito, a menudo quedan atrapados en esa manera particular de pensar. Existe mucha inercia emocional cuando alguien voluntariamente cambia su manera de pensar. Por esa misma razón, la gente continua teniendo habitualmente los mismos valores fundamentales que le fueron enseñados en la infancia, a menos que intencionalmente busquen cambiarlos.

He conocido a muchos emprendedores que tenían ideas completamente diferentes sobre por qué los consumidores compraban sus productos de lo que los consumidores mismos pensaban realmente. Primero, obtuve un informe completo de los propietarios sobre cómo funcionaban sus negocios, a quién pensaban que estaba dirigido su mercado, o qué les impulsaba a querer comprar. Entonces, después de una exhaustiva consulta y consenso individual con miembros relevantes de su audiencia, escuché las diferentes historias sobre por qué elegían hacer negocios ahí. Sus respuestas variaban desde características prácticas específicas de sus productos, hasta aspectos menos tangibles sobre la confianza y la intuición emocional.

A veces, era el éxito de un tipo particular de estrategia de marketing en el que la competencia había fracasado en coger ventaja, como la redacción de muchos artículos y blogs. Otras veces, era simplemente que la personalidad de sus compañías se relacionaba más con el tipo de profesionales que encontraban apropiado para ese nicho. Mientras otros en la industria fomentaban el miedo a perder, y se enfocaban en los aspectos negativos de no tomar medidas, involuntariamente aco-rralaban al mercado de personas con mentalidad más positiva, orien-tadas a hablar de la abundancia y recompensas que conllevaba trabajar con ellos.

La mayoría de estas compañías hacían simplemente lo que les era natural, y al hacerlo tropezaban con una moderada cantidad de éxito. Sin embargo, cuando trataban de sistematizar y aumentar ese éxito, no tenían ni idea de por qué su enfoque funcionaba. Por eso no podían lograr una optimización. No podían construir una verdadera identidad. Era en ese punto donde se volvía necesario analizar sus propias histo-rias, y averiguar lo que era realmente valioso a los ojos del consumidor. Y de esta manera poder convertir una afortunada casualidad, en un crecimiento consciente.

Los Emprendedores No Saben Cómo Hablar Sobre Sí Mismos

Incluso si has desarrollado un sexto sentido para ver lo que hace que las personas quieran comprarte, es probable que carezcas de los poderes necesarios para poner esa información en un mensaje que sea tan conciso como profundo.

No importa lo apasionado que seas o lo bueno que sea tu pro-ducto ¿Sabes cuáles son las palabras que yo necesito oír para ob-servar inmediatamente el valor especifico que me lleve a decidir comprarte? ¿Sabes cómo juntar frases de manera que se presenten atractivas y directas? Tal vez tu tendencia sea divagar e irte por la tangente, o bien precipitarte y empezar a dar órdenes. Si no en-tiendes el punto al que quieres llegar y cómo usar las palabras como un puente para llegar hasta ahí, tu mensaje será pasado por alto e ignorado.

Mira el programa del concurso para emprendedores *Shark Tank*, para que veas vivos ejemplos de ello. La mayoría de los emprendedores que presentan su proyecto inicial a unos inversores, simplemente encuentran dificultades para explicar por qué sus productos son una buena oportunidad de inversión. Muchas de estas personas son muy inteligentes y han trabajado muy duro en sus productos, que además tienen un enorme potencial en el mercado. En esos preciados minutos en los que están en el punto de mira, y deben convencer a los inversores de riesgo de que merece la pena invertir cientos o miles de dólares en sus negocios, fracasan por completo.

Una vez hablé por teléfono con una mujer que había participado en una de las primeras temporadas de *Shark Tank*, y no logró enganchar un trato con sus inversores. Promocionaba un solitario producto de belleza, con el cual había cosechado un éxito limitado en el mercado. A pesar de estas ventas iniciales, fracasó estrepitosamente frente a los tiburones. Parecía abrumadoramente entusiasmada con su producto, pero no estaba preparada en absoluto para lidiar con las preocupaciones que pudiera tener un inversor.

De cualquier forma, no paraba de hablar sobre las cosas que le gustaban de su propio producto, y las cosas que a las pocas personas que lo probaron, les gustaron. Lo que no había hecho era pensar lo suficiente en el futuro y acerca de las cosas que preocupan a un inversor. Tenía poco conocimiento sobre las cifras de las ventas, tamaño del mercado, o incluso, si su producto era seguro o no. Estaba tan entusiasmada sobre lo genial que era, que asumió que su entusiasmo podría ser contagioso, y que seguramente lograría un trato con alguno de los tiburones.

El punto es que no pensó para nada en los obstáculos potenciales que alguien tendría, para darle cientos o miles de dólares con el fin de involucrarse en su empresa. No podía para nada ver la perspectiva desde el otro lado. Solo veía la suya, y eso la condenó desde el principio.

Si hubiera tenido la oportunidad de prepararse y entrenar antes de presentarse en el programa, su entrenador podría haber asumido el rol del inversor, y ensayar una y otra vez con cada problema concebible que pudiera existir con su producto, o con su potencial para devolver la inversión. Podrían haberle enseñado a cómo hablar sobre éste como manera de minimizar o anular esos problemas, y a aferrarse verdaderamente a las preocupaciones que un inversor pudiera llegar a tener.

Un inversor no es igual que un consumidor. Ellos compran el negocio como tal, no el producto final que éste produce. No necesariamente les interesa tanto lo maravilloso que es utilizar tu producto. Se preocupan más por si alguien lo compraría o no. Sus razones para hablar contigo no son las mismas que las del consumidor que usa tu producto. Esta desafortunada mujer cometió el error de tratar de esparcir sus emociones sobre ellos, lo que le condujo a una compra compulsiva a través de un entusiasmo momentáneo solamente. Los inversores experimentados simplemente no trabajan de esa forma.

Ser un buen comunicador se trata no sólo de hablar de lo que se dice, sino también de lo que no se dice. Es anticiparse a lo que puedan decir, y manejar las preocupaciones antes de que sean dichas en el momento que puedan estar pensándolas inconscientemente. Se trata de formular las preguntas correctas, para obtener la información que necesitas presentar sobre la manera de conducir a una decisión de compra importante que no lamentarán. Si tu meta es aprender cómo venderte mejor, presta atención más de cerca cuando entremos en el **Capítulo 9: Cómo Vender lo que Eres.**

Los Emprendedores Son Reacios a Adaptarse

El mercado no es estático. Es un ecosistema viviente cambiante. Cuando Darwin habló sobre la supervivencia del más apto, no quiso decir necesariamente el más fuerte, ni el más rápido, ni el mejor nadador, ni ninguna otra característica específica semejante. Se refería a que el que se adapta mejor a su ambiente prolifera. Las condiciones del mercado no permanecen igual por mucho tiempo, así como tampoco lo hacen las necesidades de tus consumidores.

Lo que la gente considera valioso cambia con sus emociones diarias, la influencia de su educación, las tendencias sociales, los estándares tecnológicos y mucho más. Debido a que esto siempre está cambiando, tú también necesitas cambiar a la par si tu meta es asegurarte de estar siempre en consonancia con el mercado. Un negocio exitoso es aquel que cambia como una necesidad de adecuarse al concepto de felicidad de su mercado objetivo.

Hasta cierto punto, es posible influir sobre lo que las personas quieren, pero nunca serás el único gran factor influyente en sus vidas. Las cosas cambian de una manera que están fuera de nuestro control. Incluso las multinacionales más grandes del mundo, como Coca-Cola, McDonald's, y Microsoft, están todas sujetas a los caprichos de compradores muy volubles. Muchos de quienes fueron históricamente sus mayores consumidores, han cambiado su comportamiento de compra. No puedes forzar a las personas a querer lo que estás vendiendo, simplemente porque piensas que es impresionante. El éxito de tu marca viene de participar en una conversación bilateral, no de un monólogo.

Lo único que es constante en el comportamiento humano es el principio de búsqueda de la felicidad, pero las definiciones subjetivas de felicidad siempre cambiarán. "El ajuste producto-mercado" es lo que ocurre cuando lo que estás vendiendo se alinea perfectamente con lo que la gente está buscando comprar. No puedes dejar que tu orgullo y testarudez te mantengan encerrado en una vieja idea o manera de crear valor en el mundo. Tampoco tienes que abandonar totalmente tus propios deseos internos en tus acciones de emprendimiento. Siempre hay una forma de combinar tus pasiones y talentos con lo que los demás quieren.

En el **Capítulo 5: Descubre tus Valores Fundamentales**, aprenderás a llegar a la raíz de lo que mueve tu búsqueda emprendedora, y de esta manera podrás empezar a convertirlo en algo atractivo tanto para ti como para el mercado. Existen demasiadas historias de propietarios de negocios aparentemente exitosos, que se sienten atrapados dirigiendo empresas que solamente sirven como máquinas de creación de capital. No tienen interés en lo que producen. No existe una realización personal o espiritual en sus acciones, o en el impacto que están teniendo en el mundo. Es posible ganar dinero mientras haces lo que te hace sentir más realizado, pero solamente si aprendes a conocer tu valor de la forma en la que el mercado lo ve.

Reflexiona profundamente sobre lo que ha hecho a tu compañía exitosa hasta ahora. Si eres un emprendedor nuevo o es lo que planeas, ¿puedes predecir con certeza la respuesta que otras personas tendrían con respecto a tu idea? ¿Puedes decirme específicamente qué les podría gustar sobre ésta, y por qué estarían dispuestos a elegirla de entre todas las opciones disponibles en el mercado? ¿Resuelve un problema tan grande que valga la pena solventar? Podría sorprenderte averiguar que con sólo unos pocos ajustes a tu vieja idea, no es difícil crear algo que se vuelva irresistible para el grupo de personas adecuado.

En el siguiente capítulo, cambiaremos el enfoque hacia el de tu público, para determinar así lo que no les permitiría ver algo que es realmente único y valioso en tu negocio. Te darás cuenta de que no es suficiente ser maravilloso solamente. El resto del mundo tiene que ver lo extraordinario que eres, y eso significa que es tu responsabilidad hacerlo evidente en tus formas de comunicarte. Es el momento de compartir el valor que ves en ti mismo, con el resto del mundo.

[CAPÍTULO 4]

Por qué los Demás no Ven lo que Puedes Ofrecer

Una vez que inicias el proceso de crear la identidad de tu marca, es fácil quedar atrapado en los peligros y trampas que surgirán a lo largo del camino, y que te pueden llegar a detener o extraviar. Aprende a reconocerlos de manera temprana, para que puedan ser sobrellevados o evitados por completo. Verás surgir ejemplos de estos peligros a cada momento, en los casos de estudio incluidos en la sección IV, pero mientras lees, reflexiona también sobre tu propia situación y reconoce donde ya estén atormentándote.

Incluso si has derribado las barreras que evitan que muchos emprendedores entiendan su propio valor, una batalla completamente nueva te espera para hacer que otros vean en ti lo mismo que ves tú. Todos nos inclinamos naturalmente hacia nosotros mismos. Nos damos atención especial que no necesariamente recibimos de otros. Eso es causado en parte, por el hecho de que pasamos más tiempo en compañía de nosotros mismos que con otros, y por eso nos conocemos mejor. También es debido a la tendencia de nuestro ego de dar especial importancia a nuestro propio sentido de identidad, lo que es un valioso mecanismo de supervivencia cuando se hace para servirnos.

Este capítulo te será útil para mostrarte cómo apareces a los ojos del resto del mundo, o más específicamente, de una porción muy precisa de ellos que cumple con el criterio de tu objetivo demográfico. Si te has preguntado por qué es tan difícil llegar a los demás, mientras has tratado infinitamente de promover tu último proyecto, la información que se encuentra aquí te mostrara lo que te ha faltado.

No es tan sencillo como memorizar simplemente los argumentos de venta correctos, o dominar una plataforma de mercadotecnia en particular. Se trata de que te salgas lo suficiente de tu camino para ver las cosas desde la perspectiva de una persona diferente, y ajustar tus palabras y acciones de acuerdo a las expectativas y métodos de interpretar la realidad, que esa persona podría tener.

Esto suena intimidante, no te preocupes. Es más fácil de lo que parece y no es algo que tienes que aprender a hacer específicamente para cada una de las personas del planeta. Esa sería de hecho, una tarea monumental. Sólo necesitas aprender a reconocer los sistemas de evaluación internos de las personas con las que estarás tratando, como parte de tus procesos de ventas. Sus comportamientos pueden entonces ser extrapolados, para cubrir aquellos que sólo estarían indirectamente expuestos a tus esfuerzos de mercadotecnia de más largo alcance.

Así que teniendo esto presente, sumerjámonos dentro de las razones más comunes de por qué las personas a las que te presentas, no logran ver el valor que tienes. Este nuevo conocimiento formará la base para conocer los pasos que necesitas comunicar de manera efectiva con tu público. Esto te ahorrará innumerables errores derivados de falsas premisas sobre lo que tu público percibe.

LOS EMPRENDEDORES DAN FALSAS EXPECTATIVAS

Todo el mundo quisiera creer que es especial, lo que es bastante desafortunado, porque nunca nadie te verá de la misma forma que te ves tú. Nos inclinamos hacia nuestras propias opiniones, y eso se extiende a todas nuestras ideas, posesiones, y relaciones. Todos piensan de manera inconsciente que su bebé es el más lindo, que su pareja es la más atractiva, y que su vida es la más memorable, o de la que vale la pena hablar.

Cuando tienes una idea para una compañía o producto, automáticamente le das crédito extra en virtud del hecho de que eres tú quien pensó en ella. Pensarás que es mejor que otras ideas que comparten las mismas características. Otras personas no lo verán de la misma forma sin un significativo esfuerzo de mercadeo por tu parte. Debes ser cauteloso para no convertirte en un fanático de tus propias creaciones. Vigila el efecto de tu ego en tu juicio. Busca siempre ver las cosas desde el punto de vista de alguien imparcial.

Todos quieren creer que sus productos son lo mejor, y ese nivel de confianza ciertamente juega su rol en el éxito del emprendedor. Aunque es vital tener una pasión genuina y entusiasmo por lo que haces, esto tiende a ser caricaturesco, a menos que atiendas a un tipo de público muy específico que se sienta exactamente de la misma forma que tú. Para la mayoría de las personas, tus demandas y tu particular marca de emoción son literalmente increíbles. Al contrario de la creencia popular, desconectarías inmediatamente de una gran clase de compradores si sales diciendo que tu producto es lo mejor del mundo.

Esta es una forma de dar falsas expectativas, y es exactamente lo opuesto a lo que debes tratar de hacer. Existe una diferencia muy importante entre hacer que una persona llegue a la conclusión de que está lista para comprar tu producto, de acuerdo a su propio proceso interno de compra, en contraste con crear un pico emocional que momentáneamente se convierta en su mejor juicio. Los picos emocionales desaparecen muy rápidamente, mientras que las decisiones racionales duran mucho tiempo.

Aun cuando tengas éxito haciendo que alguien saque su tarjeta de crédito o ponga la mano en su dinero, pueden darse cuenta poco después de que en realidad no quieren lo que te compraron. Esto no resuelve realmente el problema que tienen. Simplemente se dejaron llevar en el momento, porque les hiciste una gran promesa acerca de lo que el producto era capaz. En esencia, solo los acosaste emocionalmente para que tomaran una decisión que no era de su mayor interés, y fallaste como proveedor de valor.

Los emprendedores dan falsas expectativas porque no conocen su verdadero valor, o porque no han llevado su mensaje a las personas correctas. Lo irónico del caso es que si tu producto fuese realmente todo lo que piensas que es, no tendrías que caer en la exageración o en la hipérbole. A lo mejor es que vienes de un paradigma arcaico de presentación, donde todo debe estar directamente a tu alcance. Copias las tácticas que observas que otras personas hacen en escenarios específicos donde el éxito es realmente posible, como en un infomercial moderno. O peor aún, sigues los pasos de fracasados y estafadores directos.

Evitar estas tácticas de ventas de acoso, las cuales sólo intimidan a las personas para comprar cosas que realmente no necesitan, se puede convertir en parte fundamental de la identidad de tu compañía. En un mundo donde toda la gente está cansada de que las mismas personas a quienes ayudan se aprovechen de ellos, tienes la oportunidad de posicionarte como uno de los pocos que son genuinamente serviciales y educativos. Te sentirías infinitamente más confiado en lo que promocionas cuando puedes presentarlo de esta forma, y ganarías el favor de tus clientes, para seguir haciendo negocios con ellos y que hablen bien de ti a sus contactos a través del boca a boca.

No interpretes mal mis palabras aquí para pensar que no debes ser entusiasta o proactivo en tus negocios, especialmente si esa es una parte de tu personalidad natural. Si es así, tiene sentido que también forme parte de la personalidad de tu marca. Si esto le habla a tu público, crea para ellos un mensaje que les ayude a comprender cómo pueden mejorar sus propias vidas con tu ayuda. Existe una gran diferencia entre una personalidad de marca personal, y alguien que trata de convencerse a sí mismo de que su idea es más valiosa de lo que realmente es. Su exceso de seguridad y optimismo desenfrenado existen sólo para reafirmarse.

LOS EMPRENDEDORES CARECEN DE EMPATÍA EMPRENDEDORA

La solución para evitar inclinaciones personales es asegurarte siempre de que el enfoque de tu producto no recaiga solamente sobre ti. Debe tratarse siempre de lo que tu público está buscando. Debido a que no existen dos personas con exactamente la misma evaluación del mercado, tu solución perfecta reside en no ser nunca la solución perfecta para todos. Eso está bien. Manteniendo empatía en el mercado, ganas en la perspectiva para ver las cosas desde el punto de vista de los demás.

A veces esto puede ser tan simple como preguntarles lo que quieren, aunque lo que dicen las encuestas, no siempre refleja lo que en realidad desean. Este es el mejor enfoque si eres más intelectual que emocional, y careces de la intuición para darte cuenta naturalmente cómo reaccionarían las personas. Habla con ellos. Ponte en sus zapatos para predecir sus acciones de manera realista. Los experimentos mentales pueden llevarte muy lejos, pero siempre deben ser corroborados con evidencias reales.

La razón por la que somos tan poco efectivos para esto es porque hemos pasado toda nuestra vida sin tener que pensar de esta forma. La mayoría de las personas no está acostumbrada a ver sus acciones desde la perspectiva del mercado o desde el punto de vista de un grupo de personas específico. En este sentido, el emprender es uno de los mejores maestros de empatía real que puedas pedir.

Volvamos por un momento a la analogía de la supervivencia en la isla con la que iniciamos... Un buen cazador llega a conocer su presa. Un cazador que se ha adaptado a su medio ambiente, sabe dónde pasan el tiempo los jabalíes, dónde van a comer o a dormir, etc. Lo sabe, para así planear la estrategia ideal para mantenerse. Ni siquiera necesitas haber cazado en tu vida para alcanzar este estado. Solo necesitas ser una persona pensante y observadora con intención de alimentarse.

Si, no obstante, te has pasado toda la vida teniendo la comida lista en tu mesa, ese no sería un problema que hayas tenido que resolver utilizando tu ingenio. Nunca tuviste que considerar de dónde vendría tu próxima comida, o en la mejor manera de obtenerla. Das por sentada su existencia en tu vida, y nada variará hasta que te sientas lo suficientemente inconforme, como para cambiar tu estado actual.

Ahora considera cuántos aspectos del emprendimiento permanecerían siendo ciertos, si toda tu vida sólo hubieras sido un empleado asalariado de grado medio. Existe un ecosistema construido a tu alrededor, diseñado explícitamente para que realices las funciones específicas de tu trabajo, de la manera más fácil posible. No tienes que asimilar patrones de comportamiento ni optimizar sistemas para tu propia mejora. Eres simplemente un engranaje dentro de una máquina compleja, y las variables con las que te enfrentas diariamente han sido minimizadas intencionalmente. Tu vida es fácil porque alguien con un puesto mejor ha tomado la responsabilidad de aprender el sistema por ti.

Si tu meta consiste en ser más empático, y empezar a ver las cosas desde la perspectiva de otra persona, debes combinar intelecto con intuición. Si estás en alguna negociación con alguien, puedes abrir tu consciencia lo suficiente para leer sus emociones, y responderles de la manera correcta. Sin embargo, es imposible para cualquier persona ponerse dentro de esa postura emocional con miles o millones de extraños alrededor del mundo, e intuitivamente responder a sus sentimientos. Es ahí donde el análisis crítico es útil.

Personalmente, no sé nada sobre deportes. Nunca he visto un encuentro deportivo por voluntad propia en toda mi vida. Sin embargo, si hablo con alguien que se emociona con la *Super Bowl* o los próximos encuentros importantes de béisbol o fútbol, puedo entender sus perspectivas de por qué es tan importante para ellos ver el juego con sus amigos. Puedo hacerlo incluso sin compartir ninguno de esos impulsos emocionales. Mientras pueda entender a un nivel intelectual por qué se sienten de esa forma, con la experiencia, aún puedo venderles cosas como fanáticos del deporte, porque les estaría hablando de una situación que les es familiar. Las personas deben entender que esta empatía de mercado es una habilidad especial. Muchos de nosotros no somos naturalmente buenos para ver y sentir cosas desde la perspectiva de otras personas, pero esto se puede desarrollar a través de la práctica y de la obsesión, hasta el punto de que te ayude siempre, a tener éxito con tus clientes. Es un proceso muy dinámico, por lo que la adaptabilidad es crucial.

Muchas personas necesitan que les enseñen exactamente cómo hablarle a ciertos clientes, ya sea para cerrar un trato, resolver una disputa, hacerles lo suficientemente felices para evitar que soliciten una devolución, o simplemente evitar una mordaz crítica negativa. Esto implica navegar emocionalmente en situaciones potencialmente volátiles, y leer las emociones de ambas partes involucradas en momentos muy tensos, para alcanzar tanta paz como sea posible. Ver las cosas desde la perspectiva de alguien más, y llegar a una solución que deje a todo el mundo al terminar el encuentro lo más satisfecho posible, requiere de mucha empatía.

La sociedad no está configurada de manera que las personas estén forzadas a ver las cosas desde la perspectiva de otros, a menos que pertenezcan a alguna línea de trabajo que necesite simpatizar con otros regularmente. Los buenos profesores, las enfermeras y cualquier otro que desarrolle un trabajo interpersonal, cuenta con esto. Una de las razones por la que los grandes actores están tan bien pagados, es porque logran que el espectador, un completo desconocido, logre simpatizar inmediatamente con ellos al esparcir sus emociones de una manera calculada durante sus actuaciones. Por eso si la actuación es buena y el rol está bien escrito, verdaderamente nos preocupamos por lo que le sucede a un personaje de ficción durante una película.

Un político o líder efectivo sabe cómo compenetrarse con su público, y hacerles emocionarse por el futuro o enojarse por el presente. Esos abrumadores extremos emocionales se convierten en la base para tomar nuevas acciones, para bien o para mal. Cuando entiendes esto, aprendes a aceptar la responsabilidad de tener mucha influencia sobre la motivación de los demás. Una persona de negocios con ética, no abusa de su poder buscando hacer que otros se sientan o hagan cosas que realmente no desean. Simplemente les ayuda a entender sus decisiones de manera más clara, y les aporta el coraje necesario para tomar decisiones informadas.

Los Emprendedores Hablan "a" en Vez de "con" su Público

El mejor argumento de venta del mundo es una conversación. La mayoría de las personas, si se les permite hablar lo suficiente, te dirán todo lo que necesitas saber para hacer que hagan lo que quieres. Eso se debe a que a las personas les gusta hablar sobre dos cosas:

1. Lo que les hace felices
2. Lo que les hace infelices.

Usualmente no son tan directos para admitirlo, pero sí que lo puedes deducir de pistas contextuales si eres un oyente cuidadoso. Ya sea que hablen sobre la historia de sus vidas, lo que hacen los fines de semana o lo que les interesa, siempre es una revelación de lo que les domina emocionalmente. Entonces puedes hablar de tal forma que les muestres cómo lo que ofreces, les aleja de lo que no les gusta, y les traslada hacia lo que sí les gusta. Esa es la columna vertebral de tu propuesta de valor.

La mayoría de las personas falla en esto porque se desesperan desde el principio y aturden a su público con la mayor cantidad de proposiciones genéricas posible, con la esperanza de que una o dos de ellas traspasen sus defensas y así compren algo. Eso es exactamente lo que hizo la desafortunada emprendedora del *Shark Tank* del capítulo anterior, y tuvo que atenerse a las consecuencias justo en el momento más importante.

Lo que debió haber hecho fue dirigir la conversación durante la introducción de su producto hacia por qué el público de los inversores debería interesarse en eso y, lo más importante, lo que esperaba que hicieran con esa información tan valiosa que aportaba. Estableciendo ese contexto desde el principio, podría haber convertido fácilmente su argumento en una conversación de dos vías enfocada en su público.

En su forma más directa, sería algo así:

> *"De esto es de lo que estamos hablando. Esta es la clase de trabajo que hago. Esto es lo que la gente encuentra valioso en él y la razón por la que es importante y por lo que me estoy tomando la molestia de decirles todo esto. Ahora háblenme de ustedes: ¿Qué consideran valioso? ¿Qué consideran importante para ustedes? ¿Cómo pueden ver algo como esto formar parte de sus vidas?"*

La razón por la que la mayoría de las personas no puede exponer algo tan simple es porque no son flexibles. Memorizan una forma de hablar o de ser, y lo repiten como loros. Invierten toda su energía persiguiendo presas que se comen de una sola vez, en lugar de atraer naturalmente lo que desean. Entrénate para escuchar realmente a las personas cuando hablan, incluso si es una conversación casual. Busca pistas que revelen lo que quieren.

Cuando te llegue el momento de dar información en vez de recibirla, entiende que tu público te escuchará hasta donde sepan que tienen una razón para hacerlo. La clave para crear una conexión, es vincular la información que está siendo presentada, con algo que importe al oyente. Debes leer este libro porque te ayudará a aclarar lo que tu negocio representa, y a comunicarte de forma mucho más efectiva para conseguir una mayor penetración en el mercado y por consiguiente mayores ganancias.

Al presentar el libro bajo esta premisa, todos los que lo leen están preparados para obtener más de este, porque están interpretando la información que contiene de manera diferente. Lo categorizarán de forma diferente en sus mentes desde el mismísimo primer capítulo en adelante. De esta manera, no es importante retener las primeras secciones del libro, sino que el lector luche por encontrar el patrón subyacente de la información, y la relevancia que puede tener para su propia vida. Profundizaremos más en cómo venderte a ti mismo en la sección III, pero por ahora nos enfocaremos en el proceso de introspección para la formación de la identidad.

SECCIÓN II

Crea la Identidad de tu Marca

Introducción a
Crea la Identidad de tu Marca

No siempre conocemos lo que da valor a nuestras propias ideas. Los emprendedores que fallan, están a menudo muy cerca de donde necesitan estar para lograr los resultados que desean. Simplemente no pueden tener una perspectiva más amplia de cómo todo en la identidad de su marca, puede encajar junto a una consistente historia. Sin embargo, al realizar las adecuadas y pertinentes preguntas estratégicas, y ser forzado a dar respuestas significativas, se puede progresar rápidamente.

Los consultores profesionales actúan habitualmente como si fueran miembros del mercado objetivo de su cliente, aproximándose a su marca por primera vez con un problema específico. Siempre utilizan esta configuración para monitorear cómo el emprendedor presenta normalmente su negocio a alguien específico, abriéndose camino para vender. Lo lógico es que si ellos no pueden asumir el mensaje con ajustes estrechamente controlados y perfectamente dispuestos, es muy poco probable que puedan ser capaces de salir al mundo real sin un buen número de variables impredecibles en juego.

Lo que sucede más a menudo de lo que se cree, es que los fundadores aburren cuando hablan de sus propias creaciones. Esto ocurre debido a la variable que comentamos previamente, estar demasiado cerca de tu propio negocio. Al estar tan cerca, olvidas el significado de las cosas para un extraño, y no puedes presentar tu negocio de manera que sea atractivo para la gente que buscas. Tampoco puedes identificar los elementos de personalidad emocional capaces de atraer a tu grupo específico de consumidores a querer trabajar con alguien como tú.

El proceso de auditoría a la identidad, requiere habitualmente varias rondas de ir y venir; de manera que se confronte, pero también, se conserve la empatía. Requiere un balance muy delicado entre firmeza y delicadeza. La meta es llevar a los fundadores lo suficientemente lejos, fuera de su zona de confort, para que estén forzados a pensar de otras formas distintas acerca de los viejos hábitos. Al mismo tiempo, si son llevados muy lejos o confrontados muy agresivamente, se sentirán abrumados, y se perderán en este punto del proceso. Pueden perder la perspectiva sobre cualquier progreso que hayan tenido hasta esa parte, en el proceso de refinado de su visión.

La meta es ir más allá de las descripciones funcionales de lo que conforma un negocio, y enfocarse en el cambio profundo que éste crea en las vidas de sus compradores. Si es posible, responder a la forma que algunos más usan para describir sus negocios con una frase como "¿y entonces qué? ¿Es tan importante? ¿Por qué importa?", su trabajo aún no está completo. Este proceso culmina solamente cuando son usadas todas las respuestas de valor, y ellos se sienten forzados a pensar críticamente sobre las siguientes palabras que salen de su boca. Sólo entonces las respuestas reales y significativas, comienzan a brotar de las partes más profundas de la mente.

A través de este proceso, a los fundadores se les hace eliminar cualquier cosa que no incremente inmediatamente la percepción del valor que ellos tienen para entregar. Simplifican y refinan para hacer la singularidad de su valor más obvia, y de este modo la presentación exitosa de lo que hacen, convierte las emociones de los consumidores en emociones placenteras, que llaman su atención y les hacen querer comprar. Ahí es cuando la propia comprensión de su marca cambia de la confusión a la penetración.

Una vez que han comprendido estos elementos fundamentales de lo que hace a sus negocios funcionar, es momento de aplicar una reformulación y reingeniería en todo lo que han dicho, para expresarlo de una manera más atractiva. El objetivo es eliminar todo el desorden con el que se han distraído, y llegar directamente a las partes que realmente aportan valor, y revelan rasgos de carácter emocional. Lo que hace que una identidad y su historia funcionen, es mucho más que sólo tener un producto que funcione.

MANTENTE AL TANTO DE OPORTUNIDADES NO VISTAS EN EL MERCADO

Una mujer con sobrepeso de Atlanta, Georgia, fue capaz de inadvertidamente, cambiar lo que otras personas veían como una desventaja en la industria de los masajes terapéuticos, en una poderosa Propuesta Única de Ventas, la cual le generaba unas ventas de hasta $1,300 por día. Aunque en algún momento estuvo avergonzada de su cuerpo, hoy es la propietaria orgullosa de los que pudieran ser, los pechos más grandes del mundo: talla 48NN, y con más de 7 kilos de peso cada uno.

Cuando terminó la escuela de masajes, no pudo conseguir empleo en ningún lugar de la ciudad, porque a cada proveedor que había le preocupaba que no fuera capaz de dar lo que su base de clientes actuales buscaba, o incluso de permanecer de pie todo el día. Su imagen y personalidad no eran congruentes con lo que las identidades de las marcas actuales en el mundo de los masajes, estaban haciendo.

Pudo haberse detenido ahí y aceptar que no existía demanda en el mercado para trabajar como masajista. En vez de eso, empezó a publicar sus anuncios de manera independiente, esta vez capitalizando en los activos que otros profesionales habrían considerado una carga. Al ofrecer la especialidad "masajes con pechos", donde sofocaba a hombres rijosos con sus grandes y especiales senos, fue capaz de cobrar mucho más que los fisioterapeutas de la industria de los masajes genéricos.

Adicionalmente, debido a que muy pocas mujeres tienen los pechos tan grandes y pocas viven en el área circundante; y muchas menos de ellas desean entrar en la industria de los masajes, es virtualmente inmune a que los imitadores que hay en el mercado vengan a tratar de replicar su propuesta de valor. Mientras los hombres deseen permanecer entre grandes pechos, ella tendrá empleo seguro.

La moraleja de esta historia es que debes pensar más allá de lo preestablecido por el tiempo suficiente hasta que te des cuenta de que sólo porque algo no tenga demanda en los canales de intercambio estándar que ya existen, no significa que no haya potencial para que crees un nuevo enfoque especializado y tengas control total sobre este. Si te fijas bien, podrás ver oportunidades similares de especialización no convencional en cada lugar de la industria moderna. No tienes que volver a inventar la rueda; solamente ajústala un poco y hazla propia.

LLEGA A CONOCERTE A TI MISMO

En el **Capítulo 2: Cuando las Buenas Ideas Fallan,** hablamos sobre por qué hay tantas ideas útiles que nunca tienen éxito. Tu marca necesita cumplir con ciertos criterios para que sea notoria y atractiva en el pensamiento de los consumidores. Estos criterios varían dependiendo del público y su predisposición, pero por lo menos necesitas encontrar algunas maneras para que ellos visualicen el uso de tus productos y cambiar significativamente sus vidas, y el conjunto de valores emocionales que acompañen a su uso. Necesitan sentir esos mismos valores cada vez que piensen en tu marca, cuando piensen en usar tus productos, o cuando imaginen lo que sus vidas serán después de hacerlo.

El modo en que una marca se presenta a sí misma necesita un propósito. A menudo le cuento a la nueva clientela los detalles estratégicos sobre las partes más interesantes de mi vida personal, para ayudar a comenzar una relación con un sentido de identidad compartido. Las anécdotas personales adecuadas pueden hacerme destacar en sus mentes, como también hacerles querer saber más sobre mí y mis valores. Hay una razón por la que no entro en una diatriba de largo aliento sobre los detalles de mi infancia, color favorito u otra curiosidad irrelevante. No hace nada para preparar la percepción de mi público sobre quién soy y cómo puedo ayudarles.

En esta sección del libro, nos enfocaremos en los pasos que necesitas dar para entender la identidad de tu propia marca en un nivel interno, antes de siquiera preocuparnos en crear el argumento de ventas perfecto, o el esquema de colores para tu sitio web.

Esto implica, entre otras cosas:
- Los problemas específicos que tu negocio busca resolver.
- Cómo se agrupan en cosas físicas y acciones llamadas productos y servicios
- Tanto la experiencia de usar tus productos como su resultado.
- La personalidad de tu compañía y las emociones que quieres que tu clientes asocien con ella.
- Cómo las mejoradas percepciones propias de tu empresa cambiarían tus acciones y las de tu equipo al completo.

Estos son los elementos que en conjunto formarán tu sentido de identidad como un profesional independiente o una compañía más grande. Definen tu lugar en el mundo, y son cosas con vida propia que cambian con las circunstancias. Al igual que tu identidad como individuo, responden a las nuevas experiencias que tengas cada día. No son hechos fijados en piedra o puntos de datos, sino más bien una especie de principios de cambio que determinan en última instancia la manera en que respondes a la realidad y las interacciones significativas que tienes con el mundo.

[CAPÍTULO 5]

Descubre tus Valores Fundamentales

Ninguna discusión sobre identidad llegaría a buen puerto sin primero establecer tus valores fundamentales y la forma en que estos afectan a tus experiencias vitales. Tus valores fundamentales son los que te definen a un nivel más profundo que cualquier otra cosa que consideres que es parte de lo que eres. ¿Qué son? Son las creencias más básicas que influyen en tu comportamiento. Son patrones recurrentes en tu mente que surgen una y otra vez para ayudarte a interpretar experiencias y regular respuestas emocionales.

Es más o menos irrelevante de donde vengan, pero mi creencia personal es que están tan arraigadas en nosotros desde el nacimiento como nuestro propio ADN, que luego es activado de diversas formas por las experiencias que tenemos mientras estamos vivos. Cuanto más temprano tiene lugar esa experiencia en nuestras vidas, más fuerte es el efecto que tiende a tener en nuestra visión recurrente del mundo.

Esto no quiere decir que los valores fundamentales estén completamente fijados, sino que sólo existe un arraigado precedente de pensar y actuar de una forma particular. Cuanto más tiempo haya sido establecido el patrón, y menos abierto sea su dueño, más difícil es alterarlo. Para bien o para mal, todas nuestras instrucciones de vida derivan de estos conceptos fundamentales sobre lo que nos traerá el más alto nivel de felicidad o infelicidad. Pasamos toda la vida intentando alejarnos del lado negativo de este espectro subjetivo y acercarnos al positivo.

Como nuestros negocios son, a la larga, extensiones de nuestra identidad, los valores fundamentales juegan también un papel en ellos. Tu compañía existe como un actor apalancado en el mundo, un instigador de tipos específicos de cambio. Los cambios que crea dependen de lo que la gente interpreta como bueno o malo o en otras palabras, de lo que más o menos ellos quieren crear. Incluso en los negocios donde la principal motivación era simplemente hacer dinero, la habilidad para hacerlo de manera ética depende de la alineación de las acciones de la compañía con los valores fundamentales (concepciones de felicidad e infelicidad) de un grupo demográfico de personas específico al que sirven.

Cuando entiendes los valores fundamentales de una persona lo suficientemente bien, puedes predecir razonablemente sus acciones bajo ciertas circunstancias. Eso es importante cuando se trata de determinar en lo que tu audiencia gastaría o no su dinero, o cómo responderían a una campaña específica de marketing. Es importante entender los valores que tu compañía llega a representar con cada acción que toman en el mundo. Un negocio es el potencial humano escalando a través de la tecnología y la influencia, así que cada decisión tomada es exponencialmente más importante que la anterior.

CONOCE LA BASE DE TUS VALORES

Hay tres preguntas que encuentro muy valiosas para llegar a la base de los valores de un negocio. Hay una diversidad sin fin de respuestas que provienen de estas sencillas peticiones, y la información recogida al escuchar las respuestas es altamente valiosa para diseñar una mejor identidad de marca.

Las tres preguntas son:
1. ¿Quién eres?
2. ¿A qué te dedicas?
3. ¿Por qué debería importarme?

La manera en que alguien responde a la pregunta "¿Quién eres?" te dice una enorme cantidad de información acerca de él o ella, y no de la manera que ellos piensan que lo hace. Esto puede revelar su universo entero si sabes cómo escuchar. No se trata tanto de lo que están diciendo sino de cómo toman decisiones de cómo autodefinirse.

Siempre que le hago a alguien esta pregunta, estoy buscando lo que consideran importante, y lo que les distingue de otras personas. Trato de determinar la secuencia de comandos que llevan consigo y que conforma su sentido de identidad autorreferencial en el contexto de su negocio. Todos estamos compuestos de millones de bits de información en forma de recuerdos, capacidades, preferencias y tendencias que afectan a la manera en que nos mostramos al mundo. En ese momento, cuando le pido a una persona que se defina a sí misma, autoselecciona sólo los elementos más importantes de cómo ellos se perciben.

Tu identidad no es más que una serie de ideas que cargas en la cabeza, algunas más importantes que otras, muchas de las cuales olvidamos todo el tiempo, algunas nuevas que vamos añadiendo, y otras que seguimos aflorando a nuestras vidas una y otra vez. Cuando le preguntas a alguien quién es, esencialmente regurgita las ideas que considera importantes para la historia que actualmente compone su concepción de sí mismo. Y eso es lo que hago cuando los interrogo de esta manera: aparto lo que ellos consideran que es importante sobre ellos mismos.

Fuera de todas las formas posibles en que podrían unir palabras para responder a esa pregunta, me hablan sobre una parte importante de sus infancias que todavía afecta a sus pensamientos y acciones en el presente. Si alguien sabe bailar salsa, pero no lo menciona inmediatamente, es probable que sea porque no lo considera una parte importante de lo que le distingue de los demás. Si esto es lo primero que sale de sus bocas, es importante para la forma en que se ven a sí mismos como individuos.

Si realmente escuchas cuando las personas hablan sobre sí mismos, verás que tienden a hablar en términos subjetivos de dolor y placer, aunque pocas veces lo mencionan realmente de esta manera. Hablan de eventos del pasado que les definen de alguna forma como "Bueno, yo crecí en esta ciudad..." Eso es historia. Luego hablan sobre principios activos, patrones activos de cambio que son actualmente relevantes en su vida.

Cuando describen lo que hacen, hablan del vehículo a través del cual es entregado su valor. ¿Cómo se ve este intercambio? ¿Cómo hace tu vehículo para consumir la gasolina que te impulsa hacia adelante? Habla acerca de la alquimia que va dentro de tu habilidad de convertir metales básicos en oro para las personas que te contratan. El siguiente paso es tomar esa información ordinaria y llevarla dentro de una narrativa irresistible que la gente realmente llegue a escuchar.

La narrativa es la respuesta a la pregunta eterna "¿Por qué me debería importar?" La mayoría de las personas nunca ha tenido que responder seriamente a esa pregunta de una manera que importe. Se considera grotesco preguntar por qué a alguien le debería importar algo que alguien más ha compartido. Estamos entrenados para automáticamente respetar y prestar atención a otras personas cuando hablan. Esto es un pensamiento letal en el mundo de las ventas.

Nunca nadie te debe una pizca de atención, y mucho menos un extraño al que estás intentando convencerle para que haga algo potencialmente perjudicial al darte su tiempo y dinero. La mentalidad de derecho que adquirimos en la juventud debe obviarse si queremos triunfar como emprendedores adultos que se ganan la atención y el respeto de los demás con sus identidades.

"¿Por qué debería importarme?" es una pregunta muy poderosa porque no es algo que las personas estén acostumbradas a oír, y no tienen una respuesta preparada para esta. Es en ese momento cuando realmente empiezan a pensar acerca de las cosas, y no sólo regurgitan la misma vieja información en modo "piloto automático". Es un poco grotesca y por eso les coge con la guardia baja. Es probable que obtengas muchos "¿Por qué me preguntaste eso?" si lo intentas.

Al principio, la mayoría de los emprendedores darán respuestas terribles a esta pregunta, porque estarán agitados y tropezando para dar una respuesta apropiada que no les haga parecer débiles. El primer instinto de las personas es defender su ego y su apariencia. La renuencia a ser mal vistos por un momento es el mayor perjuicio para mejorar. Si tuvieran una buena respuesta a esa pregunta, es probable que en primer lugar no necesiten ayuda. ¿Por qué tus clientes potenciales (*prospects* en inglés) deben actuar de la manera que tú quieres?

Si eres lo suficientemente honesto contigo mismo para llegar a la raíz de lo que motiva tus acciones, también encontrarás que se hace mucho más fácil elegir cuál idea de negocio seguir entre todas las que existen. La pasión genuina es lo que impulsa a los emprendedores a través de los momentos de dificultad e incertidumbre en el crecimiento de sus negocios. Es también lo que hará del éxito la recompensa más emocionante, más allá de solo la acumulación de capital. Saber que estás consiguiendo diferenciarte del resto del mundo es para algunas personas el incentivo más poderoso que existe.

Las respuestas a las que llegas aquí son lo que formarán la base de tu identidad de marca y estrategia de mensajería. Cuando te conoces a ti mismo, puedes afilar tu presentación de una forma que logre que los otros actúen. Serás más atractivo que otros que comparten tus ideales y razones para hacer lo que haces, independientemente de los productos y servicios que produces.

Implementa Valores Fundamentales desde Dentro

Cuando llegas a una conclusión sobre en qué consisten tus valores, puedes preguntarte qué hacer después. Una vez que hayas descubierto la piedra angular que guía a tu empresa, es esencial que no dejes que tus valores fundamentales estén reflejados sólo en un papel. La clave para implementar tus valores fundamentales es estar activos con ellos, convertir las ideas en maneras de ser.

Como fundador de tu compañía, es importante liderar con el ejemplo. Cultiva estos valores por doquier, alentando a cada empleado a adherirse y mostrar los valores que definen tu marca, desde la persona que firma los cheques hasta el que apaga las luces por la noche. Si tus valores fundamentales son únicos y arraigados en la pasión, los miembros de tu equipo los recordarán. Si son memorables, serán fáciles de seguir. Y a partir de ahí, los clientes empezarán a conocer el compromiso de la compañía con sus ideales.

Debes ver tus valores de forma que hagan a tu compañía resaltar entre las otras en carácter. Cada buena compañía querrá prometer honestidad, lealtad, y calidad. ¿Cómo puede tu compañía asegurar una experiencia positiva? ¿Cómo puede eclipsar a otras que ofrecen productos o servicios similares? No es un secreto que la mayoría de los negocios exitosos están unidos por valores fundamentales, introducidos por ejecutivos y completamente implantados en todas la agencias. No existen dos compañías con los mismos valores, ya que estos son formados por los individuos que la crean. Si manejas un equipo de empleados, es tu responsabilidad asegurarte de que todos comulguen con los valores que definen tu marca desde el primer día. No permitas que tus valores sean algo simplemente recitado durante el proceso de entrenamiento inicial. Al contrario, deja que sean parte de cada tarea en el sitio de trabajo.

Tus valores deben ser vistos como una oportunidad de unificar a los compañeros de trabajo con el lazo de una misma meta común. Muestra ejemplos de cómo tus empleados pueden acatar estos valores durante un típico día de trabajo. Demostrando que estos no son sólo un protocolo, sino un estilo de vida que personificar, creas un ambiente de trabajo más amistoso y fortaleces tu marca.

Si uno de tus valores es "la participación comunitaria", no puedes decir simplemente que estás involucrado. Sé un líder activo que busca maneras de involucrarse. Cuando representas un valor fundamental, promueves a la compañía de manera positiva. Entonces estableces una compañía que crea un compromiso, y se mantiene leal a éste. He visto personalmente los beneficios de un líder comprometido que se mantiene dedicado a las bases de su negocio. Lo que realmente distingue a los negocios exitosos en la formación de una empresa es la progresión de valores a partir de las tres preguntas formuladas arriba.

No hay una forma más rápida para acumular el respeto duradero de los empleados, socios, y consumidores que encarnar un ideal. Depende de ti elegir lo que te importa más y a lo que puedes dedicar tu vida y tus acciones. Conócete a ti mismo primero y lo demás encajará naturalmente.

Hay una serie de preguntas más extensa que puede ayudar a los nuevos emprendedores a ir más allá y conocer los fundamentos de sus valores. Muchas de ellas son mencionadas en el **Apéndice 2** de este libro y algunas más pueden descargarse desde www.brandidentitybreakthrough.com/free

[CAPÍTULO 6]

Desarrolla una Propuesta Única de Ventas

La singularidad es vital para la identidad de un negocio, más ahora que en ningún otro momento de la historia. Actualmente existe más competencia en el mercado que antes, tanto a nivel global como local. Debido a que las personas toman las decisiones basadas en lo que perciben que son sus opciones, y cada día tienen más alternativas, se vuelve más difícil sobresalir como la opción acertada en prácticamente todas las industrias.

El único momento en que esto no se puede aplicar es cuando eres realmente el primero en una nueva industria, y nadie ofrece lo que tú haces. Los primeros fabricantes de automóviles voladores podrían tener un monopolio temporal en el mercado cuando los empiecen a construir, pero puedes estar seguro de que los imitadores estarán rápidamente siguiéndoles de cerca. Necesitarán aprender a sobreponerse o de lo contrario serán superados.

Un subproducto de gran crecimiento en un mercado variable aumenta la demanda del consumidor. En cualquier momento que las personas se decanten una vez por el lujo, se volverán más refinados en sus deseos. Lo específico en la vida es un síntoma de riqueza, y a través del tiempo nuestras respuestas emocionales se sintonizan con un rango más estrecho de experiencia. Hay una razón por la cual las personas mientras más ricas se vuelven, más selectivos se hacen con los productos que compran, y también con la manera en que gastan su tiempo. Mientras más específicos son sus deseos, más específica es la solución que buscan.

Coloquialmente, es llamado esnobismo y todos estamos sujetos a esto en algún nivel. Piensa en algo de tu vida por lo que hayas refinado el gusto. Para muchas personas (incluyéndome) es el café u otra bebida o comida especifica. Aunque en este punto soy sin duda químicamente dependiente de la cafeína para funcionar con normalidad, declino tomar café instantáneo excepto en casos de emergencia.

Durante mis viajes, he tenido la oportunidad de probar muchas variedades exóticas de granos de café con diferente crecimiento, tostado, y propiedades de preparación. He pagado hasta 20 dólares por una taza de café de Kopi Luwak en Indonesia, que es un café que ha sido comido y excretado por un animal parecido a la comadreja que vive en los árboles, antes de ser preparado. He tomado café que cambia la vida, café terrible, y simplemente variaciones extrañamente interesantes del café. Sea la razón que sea, mis sentidos se sintonizaron para notar las sutiles diferencias entre estos, lo que me permite tomar una decisión de compra informada entre los miles de cafés diferentes que ofrece la industria.

Sin embargo, alguien a quien ni siquiera le guste el café puede pensar que todos saben ligeramente diferente, y no puede identificar lo que justifica el rango de precios desde 25 centavos a 20 dólares. O si eres un melómano como yo, probablemente sientas la frustración que existe cuando tus audífonos de 400 dólares no muestran los sonidos mezclados en los miembros de una orquesta en sus sillas sobre el escenario tan claramente como con tus audífonos de 600 dólares.

Fuera de algunas materias limitadas en las que tengo dominio experto y atención a los detalles, existe todo un mundo de productos en donde no apreciaría los elementos al máximo. Veo los automóviles como una forma de llegar desde el punto A al punto B más rápido que caminando. Aunque uso un ordenador todos los días de mi vida, y de eso depende mantener mis ingresos y mi vida social, solo sé lo que debo saber para comprar una máquina moderadamente buena que pueda usar fácilmente. Hay universos de detalles en el mercado que nunca podría apreciar en su totalidad, y aumentan a medida que el tiempo pasa.

Esta mayor atención a determinados tipos de demanda significa que hay una gran oportunidad para que cualquier empresario con suficiente valentía venga a llenarlo. A medida que se desarrolla un mercado, los productores se dan a conocer por atender las necesidades de los consumidores de una manera muy determinada, mejor que nadie en su industria. Esta es su Propuesta Única de Ventas (USP). Si quieres que el mundo tome en serio tu marca, es necesario comprender tu propia USP por dentro y por fuera, y estar preparado para hacer de este el punto focal de tu mensaje.

Cómo Ocurre la Singularidad

Siempre que queremos resolver un problema, evaluamos nuestras opciones disponibles inconscientemente. Decidiendo a dónde ir a cenar o qué modelo de coche comprar, comparamos y contrasta-mos en nuestra mente los costos y beneficios de todo lo que existe dentro de una categoría mental específica. Para que destaque algo que tu compañía produce, debe resolver un problema mejor que cualquier otro que exista dentro de tu misma categoría, y que tu público usa cuando toma esas decisiones.

Hubo tiempos mejores cuando ser único en tu sector del mer-cado podía ser tan fácil como encontrar uno o dos factores distin-tivos, y construir una estrategia de mensaje alrededor de estos. Domino's Pizza se hizo un nombre al atar su marca a un artilugio simple y a la vez atractivo: entrega en 30 minutos o tu pizza es gratis. Esta fue por un tiempo, su única Propuesta Única de Ventas. Esa era sólo una de las muchas y diferentes maneras con las que ellos podían haber destacado en el mercado.

¿Y si en vez de enfocarse en la velocidad de entrega, hubieran tomado mejores ingredientes como su Propuesta Única de Ventas? Ese fue el enfoque que Papa John's pizza tomó con su lema icónico "Papa John's, mejores ingredientes, mejor pizza". Automática-mente, la elección entre esos dos competidores se vuelve clara en la mente del comprador de pizza. Si valora más la velocidad que la calidad, compra en Domino's. Si valora más la calidad que la velo-cidad, compra en Papa John's.

La extensa categoría de "pizza" ha sido ahora exitosamente di-vidida en dos subcategorías distintas: "pizza rápida" y "pizza de ca-lidad", y este proceso puede continuar a niveles mucho más finos de distinción desde ahí, si el mercado lo soporta. Mientras que para los consumidores casuales de pizza las dos pueden ser más o me-nos intercambiables, ahí se ha desarrollado a través del tiempo, suficiente seguimiento de fanáticos de ambas marcas por un sector específico del mercado, que los ha hecho sus favoritos.

Ellos no piensan en pizza. Piensan específicamente en Domino's o Papa John's, y con esto es suficiente. Esta es la meta fundamental de tener una Propuesta Única de Ventas: convertirse en una categoría de mercado por sí misma, a través de la fuerza de lo que tu marca representa.

Tu singularidad no tiene que ser una característica especifica que destaque en tu producto. De hecho, haciendo tu USP una cualidad simple como ser más rápido, más grande, más ligero, más brillante, o más barato que el resto, hace que sea más fácil para tus competidores replicar tus acciones. Si intentas ganar en el mercado con un solo factor, podrías encontrarte peleando contra competidores con la misma idea. Una forma más compleja y segura de singularidad viene de la combinación de muchos factores tangibles e intangibles, que enlazan la utilidad práctica de tu marca con sus propios valores emocionales.

Podría también argumentarse que mientras más pequeño es tu negocio, más importante es una Propuesta Única de Ventas. Debido a que no estás alcanzando públicos masivos, no necesitas preocuparte en simplificar tu mensaje a un solo superlativo, por el que todo mundo te conozca. Como abarcas un público mucho más selecto, hay espacio en tu mente para un análisis mucho más detallado de las opciones disponibles. Dentro de ese análisis entrará todo lo propuesto en esta sección del libro, incluida tu personalidad (la cual será analizada con más profundidad en el siguiente capítulo).

Es importante no solo empezar con una USP fuerte, sino también permanecer leal y perpetuar tu USP tanto como sea posible. A través del tiempo, se convertirá en sinónimo del nombre tu compañía o imagen de marca, así que necesitarás permanecer comprometido con ella. Esta es una relación a largo plazo, y mientras mejor la entiendas, más fuerte será tu mensaje. Cuando tienes visión a largo plazo, esto te da un sentido de estabilidad y seguridad que se refleja en tu Propuesta Única de Ventas, de manera más efectiva cuando más importa.

Tus Factores de Diferenciación

Si no sabes por dónde empezar, investiga un poco sobre otras compañías en tu misma industria y sus ejemplos de USP. ¿Cómo hacen otras empresas para tomar ventaja de una visión única? ¿Puedes decir qué es único cuando piensas en ellos? Si puedes echar un vistazo a una empresa exitosa, examinar su producto y encontrar su esencia, puedes aprender muy bien a diseñar tu propia USP.

Piensa en un producto o publicidad que te atraiga. ¿Qué es lo que te gusta del mensaje? Para algunas compañías consiste en la mercadotecnia; no necesariamente de un producto, sino de una idea. En muchos casos, los fabricantes de coches no solo te venden un vehículo. También te venden la idea de lo que ese automóvil trae a tu vida. Podría ser el concepto de libertad, independencia, o lujo, lo que se convierta en parte de la personalidad de su marca. Existe el producto físico como tal, y también lo que este significa para el consumidor. Cualquier cosa que te ayude a identificarte con el vehículo como tal, es parte de su Propuesta Única de Ventas.

Tu éxito depende de la habilidad que tengas para convencer a los consumidores de que eres diferente y mejor que cualquier otra opción. Eso no significa solamente otros competidores en tu industria. Lo que ofreces es un medio para un fin, y necesitas transmitirlo con información concreta y convincente. Las promesas generales de tener mejor calidad o mejor servicio no sirven.

Intenta preguntar a tus empleados. A veces tu departamento de ventas y servicio al consumidor puede saber más sobre lo que tus clientes están comprando, y por qué eligen a tu compañía entre todas las opciones disponibles. De otra forma, ve directamente hacia los clientes. Puedes hacerlo mediante conversaciones cara a cara, encuestas, y grupos focalizados.

Los consultores de USP a menudo trabajan comparando la retroalimentación interna de los miembros del equipo dentro de tu organización, con la retroalimentación externa directamente de las personas que gastan dinero con ellos de buena gana. Si un tema particular surge consistentemente a lo largo de este proceso, hay grandes probabilidades de que eso sea lo que debas empezar a focalizar, como la columna vertebral de tu identidad de marca.

Empieza a pensar en tu producto tanto en términos del resultado final obtenido al usarlo, como en los mecanismos a través de los cuales se creó ese resultado. Podrías reconocer estos conceptos más comúnmente referidos como beneficios y características. Un beneficio es el efecto que causa algo en el usuario. Una característica es una cualidad del producto que crea ese efecto.

Si has estudiado cualquier material de entrenamiento de ventas convencional, probablemente te han dicho que te olvides de las características y te enfoques completamente en los beneficios de tu producto. Generalmente, ese es un buen consejo. Como reza el dicho: "compran el hoyo, no el taladro". Sin embargo, se crea una narrativa de compra mucho más poderosa cuando combinas las dos de una manera causal. Tu producto se vuelve singularmente superior porque puede "hacer X de forma Y". Una enorme cantidad de credibilidad se añade a cualquier cosa que digas sobre tu negocio, cuando puedes soportarla con una explicación que el común de los mortales es capaz de entender.

Este es el comienzo de un fenómeno relativamente nuevo en la mercadotecnia llamado Marketing de la Educación, y hablaremos más sobre éste en el **Capítulo 12: Cómo Educar a tu Público**. Éste representa un cambio sustancial en la forma en que las compañías presentan al mundo lo que producen. En vez de intentar echar un vistazo rápido a las emociones positivas o negativas que conducen a una decisión de compra impulsiva, los creadores de productos de alta calidad pueden educar a sus compradores con información útil que los diferencie.

Es difícil de hacer. Requiere más tiempo y dedicación a tu trabajo. También abre las puertas a un nuevo universo de factores de diferenciación potenciales. Si los simples adjetivos descriptivos como "más rápido" o "más barato" son los colores primarios de la singularidad, las explicaciones educativas de lo que tu producto hace para producir diferentes resultados, son la paleta de tonalidades detalladas utilizada por un pintor habilidoso, que puede mezclar ingredientes con pericia, para llegar a los detalles que desea.

MODO DE DISTRIBUCIÓN

¿La manera en que haces llegar tus productos a los consumidores es notablemente diferente a otras en tu misma industria? Domino's Pizza clamaba que su distribución era más rápida que el resto, y estaba dispuesto a respaldarlo con una garantía.

Esta es una lección que conozco particularmente bien. Mi padre fue el propietario de varias tiendas de alquiler de videos Blockbuster Video en California durante la mayor parte de mi vida. Estuvimos bien acomodados financieramente durante mi educación, con una casa grande en un área estupenda del norte del condado de San Diego, y con comodidades más que suficientes para mantener a cuatro niños entretenidos cada navidad y cumpleaños. Así que imagina mi sorpresa cuando mis padres fueron forzados a vender nuestra casa, y las tiendas Blockbuster de mi padre fueron todas cerradas poco después. Eso sucedió en 2008, que fue el año después de que Netflix introdujo servicios de transmisión digital a su distribución de DVD por correo. Llevó otros tres años para que Blockbuster Video cerrara el resto de sus tiendas, pero la suerte ya estaba echada. Un método de distribución superior se convirtió rápidamente en el nuevo estándar de la industria, y cada día que pasaba las personas tenían menos razones para visitar una tienda de alquiler de videos. Las pocas ventajas remanentes que las Blockbuster tenían, como el contacto humano y las compras impulsivas como dulces y palomitas de maíz, no fueron suficientes para sostenerlas.

De una manera similar, Amazon está desmantelando librerías de muchos años atrás debido a su método superior de entregarte libros y otros productos. Dada la opción, el mercado ha demostrado que prefiere pedir estas cosas en línea y esperarlas en el correo que tener que ir a un lugar de venta. Como el servicio de transmisión de video de Netflix, un libro virtual puede incluso ser enviado directamente a tu Kindle u otro lector virtual momentos después de la compra. Se percibe que muchas otras industrias pronto buscarán adaptarse, con la excepción de negocios donde la propuesta de valor está basada en la experiencia física de estar ahí (por ejemplo restaurantes de lujo, cines, estadios, auditorios, etc.).

Por cierto, Blockbuster rechazó una oferta de comprar Netflix en el 2000, años antes de que tuvieran que preocuparse por una USP que vendría a cambiar el juego. Ten esto en consideración en el momento de imaginar tus propios factores de diferenciación. ¿Lo que ofreces es tan radicalmente superior que podría cambiar completamente la manera en que las personas compran en tu industria?

Método de Consumo

La forma en que tu público utiliza tus productos es también una parte importante de cómo puedes diferenciarte de la competencia.

En el ejemplo anterior de Netflix contra Blockbuster, el método más común de consumo en cada caso, es en un televisor contra un ordenador. Ambos venden la misma categoría de productos: películas. Para los propósitos de esta ilustración, ignora por un momento que ahora Netflix ofrece su propia programación exclusiva y otros títulos incontables que nunca serían encontrados en una tienda Blockbuster Video.

Incluso si estás viendo la misma película, el método de consumo cambia la experiencia de manera drástica. Netflix es famoso (o abominable) por permitir a sus usuarios "darse un atracón a la vista" con horas de sus programas y películas favoritas. Mientras esto era también posible con cintas de VHS y DVD, era menos conveniente. Tendrías que planificar, o físicamente levantarte a cambiar un disco por otro.

Con la enorme librería digital de Netflix disponible a sólo unos clics de ratón, los espectadores a menudo caen dentro de un patrón de no despegarse de la pantalla en todo el día, simplemente yendo de una distracción entretenida a otra. Esto se ha convertido en una de las señas de identidad en la audiencia principal de Netflix, junto con otras categorías de actividades como la más reciente introducción de "Netflix and chill". Según tengo entendido, esto significa usar Netflix como una excusa y/u oportunidad para tener sexo casual con una parte interesada. Qué mundo tan fascinante e impredecible en el que vivimos.

¿Cómo la manera en que tu público utiliza tu producto te hace destacar entre los demás? ¿Tu dispositivo electrónico está diseñado para funcionar bajo el agua? Piensa en la gran cantidad de posibles aplicaciones que crea para el mercado. ¿Enseñas a hacer punto de forma privada vía webcam, o en un grupo grande de manera presencial? ¿Cuáles son las ventajas y desventajas para cada propuesta, y cómo influyen en las impresiones y comportamiento de los consumidores? Estas son las capas de diferenciación que se exponen, cuando empiezas a mirar a tus negocios y sus productos más allá del nivel superficial del problema básico que resuelven.

Interacción con tu Marca

La experiencia que un consumidor tiene con tu marca es un tipo de relación. Ellos interactúan contigo de formas incontables cuando leen un texto en tu sitio web, cuando son recibidos en la entrada de tu tienda por un miembro de tu equipo, o tienen la canción de tu anuncio metida en la cabeza. Es ahí cuando la personalidad de la marca se vuelve suprema.

Muchas industrias, como las de los restaurantes, se hacen conocidas no sólo por la calidad de su comida, sino también por la calidad del servicio o un artilugio no habitual incorporado en su atmósfera. Todo esto tiene un profundo impacto en las emociones que tus consumidores experimentan cuando consumen tus productos y a su vez, las persistentes emociones que continúan mucho tiempo después. Estas cualidades a menudo discretas, son en realidad una gran parte de la razón por la que los consumidores crean relaciones sólidas y de lealtad, y no tienen nada que ver con lo buena que esté la comida.

El propósito de tu USP es ayudar a los consumidores a ver tu producto o servicio como la única opción para sus necesidades. Si puedes diseñar tu USP de manera estratégica para incorporar muchos puntos de diferenciación potenciales dentro de una narrativa coherente, vas a superar inmediatamente las objeciones de compra de tus clientes. Si es posible, con la suficiente introspección, tu USP se convierte en una historia detallada con una experiencia llena de matices del valor que ofreces. Ese nivel de singularidad puede durar toda la vida, y adaptarse por generaciones con el flujo del mercado.

Una vez que hayas desarrollado tu USP triunfadora, tu meta es empezar a integrarla con tu marca. Internamente, esto significa ajustar tu propia forma de pensar sobre tu negocio, y entrenar a tu equipo para defender la nueva cultura de la compañía. Esta cultura es algo vivo que se reproduce en las mentes de tu equipo, sin importar lo grande que sea tu organización.

Externamente, la historia de tu USP se convertirá en la columna vertebral de todos tus materiales de mercadotecnia. La conversación que tengas con tus clientes girará en torno a la experiencia única de comprarte a ti, y en la manera en que sus vidas serán mejores por hacerlo. La Sección III se ocupará del tópico de contar tu historia al mundo. Continúa leyendo para aprender sobre el elemento más humano de tu marca: tu perfil de personalidad.

[CAPÍTULO 7]

Crea tu Perfil de Personalidad

La identidad de tu marca es más que el valor de las cosas que produces. Lo que elijas ofrecer al mundo, es producto de tus valores fundamentales. Existe para resolver un problema específico, y hacer que las personas se sientan de cierta forma cuando interactúan con tu marca. La manera específica en que quieres que se sientan cuando piensan en ti es tu perfil de personalidad, y existe un rango de posibilidades mucho más extenso de las que podrías asumir.

Todos interpretamos personajes en la narrativa más grande, la del mundo que nos rodea. Si no elijes tú mismo como qué tipo de personaje quieres que otros te traten, el mundo lo hará por ti sin tu consentimiento. Lo mismo pasa con la marca de tu compañía. Tan pronto creces lo suficiente como para hacerte notorio, la gente empieza a formar conceptos arraigados sobre el personaje de tu negocio. Comenzarán a construir ideas en su mente sobre el tipo de personas que lo dirigen y lo que les motiva. Elijen adjetivos con los cuales relacionar tu marca, te guste o no. La solución es establecer una personalidad de marca consistente, antes de que alguien más tenga la oportunidad de imponerte sus proyecciones.

Los consumidores interactúan con las marcas como si éstas fueran verdaderas personas con idiosincrasia propia, preferencias, y pasatiempos reales. Los emprendedores con una forma de pensar más técnica pueden estar tan concentrados en los elementos tangibles de sus productos, que pierden la perspectiva de la experiencia del usuario. Por eso es bastante habitual que las nuevas empresas tengan como mínimo un cofundador técnico que esté a cargo del desarrollo del producto, y otro cofundador de mercadotecnia que esté a cargo de representar la marca en el mundo.

¿Tienes descuidados los atributos de personalidad de tu propia marca? Estos son más importantes de lo que podrías pensar, porque el éxito de tu negocio depende de más que simplemente resolver bien un problema. Cuando tus clientes te compran un producto por primera vez, deberían entrar en una relación a largo plazo basada en la confianza y el recuerdo de experiencias positivas. La personalidad de la marca consiste en ser deliberado, y crear esa experiencia de tal manera que apoye las metas de tu negocio mientras le da solución a los problemas de tu público.

La forma en que las personas se sienten cuando piensan en tu marca es realmente una de las maneras más fáciles de diferenciarte tú mismo de tus competidores. Recuerda lo mencionado en el último capítulo, que el desarrollo de la USP es crucial para el éxito.

Probablemente la personalidad no requiera que rediseñes tus productos y cambies especificaciones de manufactura. Esto no significa necesariamente que debas recontratar o entrenar nuevos tipos de especialistas dentro de tu organización. Sólo significa que tienes que empezar a pensar en tu compañía de manera distinta, y asegurarte de que esas ideas sean inculcadas apropiadamente a todos los demás.

LA PERSONALIDAD DE MARCA DE UN MÚSICO CALLEJERO ADOLESCENTE

Una de mis primeras salidas como emprendedor ocurrió cuando tenía dieciséis años. Accidentalmente, un amigo musical y yo descubrimos que podíamos hacer dinero sentándonos en la vía pública, justo fuera de una tienda *Seven Eleven* (7-11) en la carretera de la costa, al norte del condado de San Diego, con nuestros instrumentos y tocando por la voluntad. Entre los dos, teníamos una guitarra acústica y un violín, y sabíamos unos cuantos arreglos sencillos de canciones populares de rock clásico, que los turistas que visitaban cada verano las playas de San Diego parecían disfrutar de lo lindo. Creo que hicimos 40 dólares entre los dos la primera vez que salimos a tocar la tarde de un sábado. Esa fue toda la validación que necesitábamos para ir otra vez ahí afuera cada fin de semana, y volver a tocar.

Con el tiempo, optimizamos nuestro enfoque porque prestamos más atención a lo que inspiraba a las personas a dejar propinas más a menudo, y en cantidades más altas. Juntamos todo el dinero que íbamos haciendo para invertirlo en nuestra operación de novatos, y compramos un amplificador de 50 vatios alimentado con una batería, micrófonos, y cables para poder ampliar nuestro alcance y atraer a un público más grande. Nos vestimos más elegantes para poder pasar más como triunfadores ambiciosos que como unos mendigos desesperados. Queríamos que la gente se sintiera bien al darnos un dólar o veinte, mientras pasaban y se dejaban impresionar por lo que oían.

No tardamos en darnos cuenta que había patrones de credibilidad en el comportamiento de nuestra siempre cambiante audiencia de oyentes peatonales. Ciertos bloques de tiempo producían mucho más dinero que otros, así como lo hacían ciertos días, y diferentes épocas del año. Asistir a ferias callejeras y a otros eventos al aire libre, se tradujeron en cuantiosas ganancias para nosotros. A menudo la gente se paraba en medio de sus actividades cotidianas para formar una multitud frente a nosotros, y escuchar varias melodías seguidas antes de agradecérnoslo y dejar una propina.

No creo que pueda olvidar la primera vez que un extraño arrojó un billete de cien dólares en el estuche de mi guitarra mientras pasaba. Inmediatamente dejamos de tocar para preguntarle si se había dado cuenta de que nos acababa de dar mucho dinero. Él respondió con una sonrisa extraña diciendo que había estado pasando por un momento difícil, y vernos a los dos ahí siendo tan jóvenes, pero teniendo tanto talento y buen gusto para la música, fue lo mejor que le pasó en toda la semana. Varios engranajes comenzaron a girar en mi cabeza, que continuaron girando durante diez años más, gracias a inocentes conversaciones como aquélla.

Inicialmente estábamos preocupados por las ruidosas molestias que potencialmente creábamos para los negocios locales en la avenida donde acampábamos e improvisábamos. Pero fue al contrario, fuimos invitados rápidamente por los dueños de las cafeterías y las tiendas para tocar justo en frente, porque nuestra actuación servía para conseguir más ventas y entretener a sus clientes. Esa fue mi primera exposición a la idea de alianzas de negocio mutuamente beneficiosas, y de vez en cuando nos invitaron a tocar en fiestas, e incluso en una boda.

La respuesta del público nos ayudó a adaptarnos a las demandas de nuestro mercado. Aprendimos que les gustaba ver a un dúo tan joven, que claramente había puesto mucho trabajo en aprender lo que mostrábamos, con innovadoras versiones de canciones clásicas que incitaban a la nostalgia de nuestros fans más maduros. Yo arreglaba la estructura de acordes de lo que estuviéramos tocando con patrones de rasgueo y sonoridad detallada, mientras mi compañero improvisaba con la melodía original de la canción, con estilos no convencionales de rock con violín. Teníamos una firma de sonido como nadie de nuestra audiencia había escuchado antes, y esto era porque éramos capaces de tomar algo viejo y probado, y cambiarlo solo lo suficiente para hacerlo nuevo.

Esa combinación única de viejos gustos musicales, estilos modernos, y personalidad entrañable de juventud, nos llevó a un punto en el que podíamos contar con hacer de doscientos a trescientos dólares por hora en un día ocupado (nada mal para ser dos estudiantes de preparatoria auto empleados practicando su pasión los fines de semana). Aunque sin sorpresa, ese esquema dejó de ser efectivo en el momento que nos volvimos lo suficientemente viejos para tener barba, y aparecer como verdaderos adultos mendigando dinero.

Lo único que cambió fue la personalidad percibida y las emociones que acompañaban detrás de nuestra "marca". Es bonito cuando son "adolescentes" mendigando tu dinero ganado con esfuerzo. Cuando se trata de adultos, simplemente se preguntan por qué no han salido y han conseguido verdaderos puestos de trabajo como los miembros productivos de la sociedad que deberían ser por ahora. Todavía tocábamos las mismas canciones con el mismo nivel de competencia, pero algunos factores más allá de nuestro control cambiaron la percepción cultural de nuestra narrativa. Nuestros perfiles de personalidad habían evolucionado en algo nuevo, y como resultado teníamos que cambiar nuestro modelo de negocio por completo.

Hasta este día, cuando veo músicos tocando por dinero en las esquinas de las calles, todavía analizo mentalmente lo que ellos hacen bien y cómo podrían cambiar su actuación y personalidad para hacer más dinero con el mismo esfuerzo, basado en mis propios años de experiencia en el campo.

TODO EL MUNDO ES UN NARCISISTA MENOR

La gente responde a personalidades específicas porque ven cosas que identifican dentro de ellos mismos, o con las que desean identificarse. Recuerda: todo el mundo es un ególatra en cierto grado. Todos nos amamos a nosotros mismos y mantenemos por defecto en alta estima nuestra propia existencia. Es un mecanismo de supervivencia construido. El trabajo de nuestro cerebro es preocuparse por nosotros mismos primero y ante todo, o si no todo lo demás que hacemos se vuelve imposible. Debido a que nos amamos tanto, queremos ser asociados con marcas que respetamos o que nos proporcionan una oportunidad para ganar el respeto de los demás.

Por otro lado, las personalidades que odiamos son esas que van en contra de nuestros propios valores o nuestra narrativa interna. Existe una campaña contra la compañía biotécnica Monsanto entre los consumidores de comida orgánica, porque en su opinión las acciones e intenciones representadas por Monsanto están en contra sus mejores intereses. Ellos han elegido valorar la producción de comida sin el uso de pesticidas sintéticos o modificación genética. Del mismo modo, los partidarios de este tipo de biotecnología a menudo desprecian a las industrias orgánicas por convertir la opinión pública en contra de sus propios valores.

El punto es que las personas no toman decisiones de compra con base solamente en la utilidad práctica de un producto. Ellos hacen cosas que reafirman su propio sentido de identidad porque a final de cuentas, nada conduce a un mejor sentido de felicidad duradera. Los problemas se resuelven en un instante. Tu sentido de identidad va contigo cada minuto del día. Quienes comparten terreno común con sus respectivas identidades se congregan juntos en iglesias, clubes, comunidades, y sociedades internacionales por la misma causa. Por ese motivo los vínculos sociales son más valiosos ahora de lo que habían sido antes.

Existe una razón por la que abrimos los oídos con naturalidad, y cuando pensamos que escuchamos nuestro nombre mencionado en una conversación, es captada nuestra atención. Queremos saber más sobre cualquier cosa que tenga que ver con nosotros. La personalidad de tu marca y estilo de comunicación deben ser diseñados para cautivar la atención de tu público, de la misma forma que se empeñan en escuchar cuando piensan que algo va sobre ellos. En el **Capítulo 9: Cómo Vender lo que Eres**, hablaremos sobre los detalles más finos de comunicarse de una manera que haga que tu audiencia sienta que les hablas específicamente a ellos, y agradar directamente a sus intereses.

El Peligro de una Narrativa Incongruente

Una vez que decides la personalidad que tu negocio va a expresar, debes permanecer estable con ella. Todo, desde tu forma de escribir y hablar, hasta las cosas que dices que te importan, trabaja para formar una impresión mental en el pensamiento de tu público. Cuando se han acostumbrado a cavilar en ti de una manera particular, es mentalmente irritante presenciar el comportamiento de tu marca de otra manera.

Esto es incongruencia en la narrativa. Es lo mismo que cuando ves a un personaje en un libro, película, o programa de televisión actuar de una forma que es considerada "fuera del personaje". Fallan en conformar las reglas que han sido establecidas para ellos dentro del contexto de ese universo. Esa es la manera más rápida de romper la inmersión del espectador, y convertir cualquier nivel de compromiso que tenga en la historia, en tu contra. En la vida real, esto puede convertir a leales adeptos en odiosos enemigos que se sienten traicionados por tu cambio de apariencia repentino. Recuerda: tus fans más grandes son los que se identifican más fuertemente contigo. Traicionar sus expectativas es un ataque a su sentido de identidad.

Sé cuidadoso al establecer un argumento para la personalidad de tu marca, que esté escrupulosamente calculado para obtener un tipo de respuesta específico de tu público. Éste tiene que ser algo que salga de manera natural en ti y en las personas entre bambalinas de tu empresa. De otro modo, cada acción que tomes correrá el riesgo de traicionar la ilusión de quien eres en realidad. Cuando eso ocurre, pierdes cualquier buena voluntad que hayas cultivado en las mentes de tu público.

McDonald's, por ejemplo, ha estado trabajando en revertir la percepción pública de que su comida no es saludable. Han introducido artículos saludables en el menú para tratar de agradar específicamente sobre las principales preocupaciones de su público. Aunque ofrecer comida más saludable pueda ser una ambición admirable, para ellos no es necesariamente el movimiento corporativo más brillante. No es congruente con los elementos previos de su marca, que les llevó a dominar el mercado global. El público puede sentir la disonancia y poca autenticidad en su elección de ofrecer productos saludables, y no crea una impresión positiva en el tipo de personas que ya se han identificado como sus seguidores.

Construye un personaje alrededor de tu negocio y mantente consistente con el mismo. Aplica lo que has aprendido sobre ti, tu negocio y tu público para crear mensajes sobre tus productos. Usa ese personaje para comprometerte con tus clientes con relaciones reales, en el mismo terreno de valores que ambos en conjunto encarnáis (o como mínimo, respetáis).

Los Elementos Emocionales Detrás de tu Marca

¿Por qué entraste en el negocio en el que estás? Con suerte, las razones van más allá de solamente haber visto una oportunidad de obtener ganancias en el mercado.

Me eduqué muy temprano en mi desarrollo profesional debido a mi capacidad natural para hacerlo, y para desarrollar mis habilidades mediante su implementación en el mundo real. Y lo más importante, me preocupaba profundamente por ayudar a otros a aumentar su propio conocimiento práctico. Ese es aún uno de mis valores fundamentales. El hecho de que no había suficiente demanda en el mercado para ganarme la vida enseñando y dando tutorías, fue solo una feliz coincidencia que me permitió sobrevivir mientras perseguía mi pasión.

Para triunfar como el tipo de educador que aspiraba a ser, tenía que ser una persona que otros quisieran introducir en las vidas de sus niños. Tanto en el proceso de aprendizaje como en el resultado final del nuevo conocimiento. Los requerimientos emocionales de mi profesión me inspiraron a volverme una persona de apoyo, directa, desafiante, y alentadora a los ojos de mis estudiantes. Debido a que la educación es una pasión genuina en mí, no era necesario mentir en ningún aspecto de mi personalidad, para presentarme como la clase apropiada de personalidad de marca para las circunstancias.

Mi singularidad como educador yacía principalmente en mi método de interacción. A pesar de existir muchas maneras de aprender las cosas que yo enseñaba, habría sido extremadamente difícil encontrar a alguien más que emulara las mismas dinámicas de relación que cultivaba con mis clientes. La unión de habilidades, experiencia, y comportamiento se combinaron en una personalidad fuerte, lo que era posible porque conocía muy bien mis fortalezas. Esto se aplica al mismo nivel (incluso más) en el caso de organizaciones más grandes que tienen poca interacción personal con su público

Si diriges una compañía grande que suministra productos o servicios para viajar, ¿qué cualidades emocionales se combinan naturalmente con lo que tu audiencia encontraría atractivo? Para responder a eso, todo lo que tienes que hacer es entender por qué las personas viajan. Viajan por libertad. Viajan para expresarse. Viajan para sobrepasar los límites. Viajan para aprender sobre el mundo. Viajan por aventura. Los que viajan por negocio tienen sus propias razones, completamente diferentes para empaquetar sus cosas y subirse a un avión hacia nuevos lugares, así que esos rasgos de personalidad pueden ser más y más refinados por subgénero.

Tu objetivo con la personalidad de tu marca será llegar a tu público antes de que te realicen una compra. Deben existir sentimientos asociados automáticamente al ver tu logotipo, leer tu texto sobre venta o pensar en cualquier cosa que produzcas. Puedes inducir artificialmente ese estado ganador emocional creando una sensación de familiaridad y confianza intuitiva. Que lo que ofrezcas lleve a tus compradores hacia la meta que buscan. Cuando puedes combinar esto con una oferta de producto que genera un determinado resultado demostrable, tienes la base de una marca que logra cosas increíbles.

Si tienes un negocio, es seguro asumir que ya has invertido algo de tiempo pensado en la congruencia de la identidad de tu marca. Podrías haber pasado horas tratando de descubrir cómo encontrar un equilibrio entre tú mismo, tu negocio, tu público, y tus productos. Puede ser bastante difícil de hacerlo bien, pero cuando lo consigues, te das cuenta de lo crucial que es para el éxito de tu negocio.

No Tienes que Ser la Imagen de tu Compañía

Muchos fundadores son inexplicablemente tímidos sobre la idea de convertirse en una figura para su propio negocio. Eso está bien. Sólo porque un negocio necesite una personalidad, no significa que ésta deba ser tu propia personalidad, o incluso la de ninguna otra persona en particular. Recuerda, una marca al final se convierte en un personaje por sí sola, con partes y piezas tomadas de fuentes estratégicas y presentadas al mundo de manera interactiva. Una marca no necesita abarcar todos los rasgos de su creador para ser auténtica.

Dar una marca a la compañía con tu propia personalidad funciona mejor cuando la propuesta de valor está directamente atada a la experiencia de trabajar contigo. Si tu propuesta de valor son pastillas de freno con una vida útil más larga, tiene sentido construir la personalidad de tu marca relacionada con cosas como la seguridad y la confianza. Quien quiera que sea el fundador, tiene poco que ver con las decisiones de compra de esa industria en particular, a menos que sea alguien conocido por esas cualidades.

Para obtener lo mejor de los dos mundos, muchas empresas contratan personalidades profesionales para que les respalden, especialmente en industrias que son un hogar para héroes con una buena cantidad de seguidores. Si Michael Jordan respalda a Nike, Nike se beneficia de la asociación de que él se haya pasado construyendo toda su carrera atlética como alguien con impulso, motivado, enfocado, y entrañable. Nike no tiene que construir todo eso para el público, porque Jordan ya lo había hecho como resultado de su fama en los deportes. Esos son valores que a los consumidores les gusta ver en ellos mismos, y la motivación que tienen para hacer la compra.

Pocas de las personas que admiran a atletas profesionales y sus personalidades de marca llegan a alcanzar los mismos logros físicos. Al ser sus fanáticos, logran experimentar un poco de esas mismas emociones sin tener que haber puesto nunca un pie sobre la cancha, o dedicado toda la vida a la especialización de una habilidad. Ninguna de las personas que lee un cómic de Superman podría atravesar un edificio alto de un solo salto, pero la personalidad de marca de Superman es sin duda una de las más fuertes del mundo, y continúa inspirando pequeños actos de heroísmo con las virtudes que representa en innumerables medios.

Si entiendes a tu público y tu producto lo suficientemente bien, trata de imaginar al personaje que a ellos más le gustaría comprar. En este sentido, la personalidad de tu marca es el puente entre el comprador y el producto. Cuanto mejor entiendas esos dos lados de la ecuación, más fácil será ver la mejor manera de conectar el punto de unión de ambas personalidades.

Tomarte el tiempo para considerar y entender conscientemente a tu público te dará información en cada decisión que tomes en los negocios. Con una visión clara de con quién interactúas y exactamente qué necesita, sabrás qué productos ofrecer y qué mensaje enviar.

Construir un puente entre el comprador y tu producto es cuestión de estar dispuesto a explorar ciertos elementos de forma más profunda. Es importante considerar estas preguntas con cuidado, y tomarse tiempo para reflexionar sobre ellas.

- ¿Cuál es el valor intrínseco de tus productos? ¿Qué problemas prácticos solucionan?
- ¿Cuál es el valor emocional de tus productos? ¿Cómo hace sentir a la gente? ¿Qué valores representan?

- ¿Qué es único o poco común sobre tu negocio comparado con otros en la misma industria?
- ¿De dónde viene la inspiración por el negocio? ¿Cómo terminaste aquí de entre todos los sitios que había? ¿Qué obstáculos tuviste que superar en el camino?
- ¿Es tu propia personalidad/imagen una gran parte del atractivo de tu negocio? ¿Quieres que lo sea?
- ¿Qué información valiosa puedes proporcionar acerca de lo que tu negocio representa, más allá de tus productos?

Crear una base sólida y clara para tu marca proporcionará el soporte, estructura y guía necesarios para tomar decisiones de negocio inteligentes, tanto interna como externamente.

[CAPÍTULO 8]

Conoce a tu Audiencia

Un proverbio popular sobre venta dice que el ingrediente más importante para triunfar en un negocio es tener un público hambriento. Tu audiencia es el grupo de personas a quienes les importa lo que tu producto hace, ya que esto tiene un efecto favorable y directo sobre sus vidas. Son quienes verdaderamente obtendrán una mejora con la inclusión de tu narrativa en sus vidas, no personas que necesites engañar o forzar para que se conviertan en tus clientes.

Una de las primeras cosas que le pregunto a alguien que está lanzando un nuevo negocio es, "¿Quién o qué es tu cliente o consumidor perfecto?" Ningún negocio puede competir con todos, así que tener un enfoque es una prioridad importante. Cualquier cosa que existe para servir a todo el mundo realmente existe para no servir a nadie. Encontrar un argumento específico te mantendrá concentrado y competitivo, permitiendo que tu negocio se mantenga remontando muy alto dentro de ese argumento.

Si entiendes tu propia Propuesta Única de Ventas y tu perfil de personalidad, no es muy difícil visualizar una imagen muy específica del tipo de persona que va a ser atraída para trabajar contigo. Por otro lado, si ya conoces a tu audiencia, es mucho más fácil diseñar un producto y personalidad de marca en torno a esto. Conocer cada uno de estos elementos específicos sobre tu negocio hace significativamente más fácil descubrir los otros. Las respuestas correctas para tu negocio surgirán gradualmente mientras más estudias e inspeccionas internamente las condiciones del mercado.

El producto de mayor calidad o las estrategias de marketing más innovadoras no importarían si las personas que abordas no ven una necesidad de lo que ofreces. El yate más costoso del mundo no merecería la pena para alguien que odia el agua. El café gourmet no es de importancia para alguien que no lo toma. Un pez simplemente no necesita una bicicleta. Una gran parte de ganar el juego del éxito en el mercado es conocer con precisión para quién trabajas o sirves y a quién le estarás hablando cuando te promocionas.

Descubrir cuál es tu público hambriento requiere que entiendas en detalle lo que hace a tus productos singularmente atractivos desde la perspectiva de alguien externo y la forma en que tu sector del mercado toma importantes decisiones de compra. Por este motivo, estando todo lo demás igual, para los emprendedores es bueno iniciar negocios en donde ya tengan alta exposición. Cuando tengas dudas, empieza con lo que conoces.

Las compañías pueden dedicar años para construirse y promoverse en los puntos de venta equivocados, porque nunca nadie se detuvo a preguntarle al mercado propiamente qué es lo que más aprecia. Como ya lo hemos mencionado anteriormente, estar muy cerca de tu propio producto te vuelve parcial ante él, y te ciega a oportunidades de marketing escondidas.

Construye el Perfil de tu Cliente Ideal

Construir el perfil de tu cliente ideal consiste en identificar todos los diferentes aspectos irresistibles de tu marca, y luego compararlos con lo que sabes sobre las personas que realizan compras en tu industria.

Si no sigues estos pasos para entender quién es tu cliente perfecto, desperdiciarás siempre gran cantidad de esfuerzo. Todo el diseño de tu producto y estilo de comunicación estarán mal dirigidos. Lucharás sin ayuda desde una conversión a otra, esperando sólo la paradójica oportunidad de obtener el interés de alguien. Elegir como objetivo al cliente equivocado convierte una tarea fácil en una pesadilla estresante.

Entonces, ¿cómo encuentras ese argumento específico para elegirlo como objetivo? Empieza observando a tus consumidores actuales o público objetivo, y piensa en todas las razones que elegirían para comprar tus productos o servicios. Haz una lista de todos tus productos o servicios y al lado de cada uno, escribe todos los beneficios que proporcionan. Piensa en los tipos de personas que se podrían beneficiar de cada elemento de tu negocio. Considera factores como la edad, género, localidad, niveles de educación e ingresos, ocupación, o cualquier otro factor demográfico que sientas que es relevante para la forma en que compran.

Exitosos negocios en la industria del entrenamiento físico, por ejemplo, se concentran en un particular grupo de edad, género, y localidad. Pueden vender a personas de mediana edad que están luchando contra su peso, y también por aumentar su sentido de autoestima mientras envejecen. También agregan otros factores, como las mujeres que tienen un ingreso familiar dentro de un rango bajo, tal vez entre 75,000 a 100,000 dólares por año. Además, estas mujeres deben vivir a 30 minutos por carretera del centro de entrenamiento para que sean viables como potenciales clientes.

Esto podría reducir dramáticamente la lista de dichos clientes potenciales, pero hacer marketing para sus necesidades específicas asegura una mejor tasa de retorno de inversión de los dólares dedicados a marketing, porque su mensaje va orientado únicamente a consumidores que están escuchando. Hacer marketing para un mercado más grande es un error que muchos pequeños negocios tienen al principio. A menos que tengas un producto que pueda ser consumido literalmente por miles de personas al día, como agua embotellada, por ejemplo, realmente necesitas focalizarte en un grupo particular.

Los factores demográficos relevantes son diferentes para cada industria. Dependiendo de lo que produzcas, podría no importar si tus clientes tienen veinte ó sesenta años. Podría no haber mucha diferencia si son hombres o mujeres, o lo altos que son, o cuáles son sus programas de televisión favoritos.

A veces, un factor podría estar relacionado sólo indirectamente. Por ejemplo, este libro está dirigido a emprendedores líderes y practicantes. Como es más probable que este tipo de personas esté entre las edades de 25-40 años, que digamos, entre 12-85 años, tiene mucho sentido para mí focalizarme en ese grupo de edad aproximado. Sin embargo, no hay nada aquí que excluya necesariamente a alguien fuera de ese rango de edades.

Llega a Conocer Íntimamente la Experiencia de tu Cliente

La forma en que tus clientes experimentan al comprar y usar tus productos puede ser muy diferente a como asumes que realmente es. ¿Has dedicado tiempo para acercarte a tu negocio desde la perspectiva de un consumidor completamente nuevo sin ninguna familiaridad previa?

Si manejas un negocio con una localidad física como una tienda al por menor o un consultorio odontológico, ¿qué experimentan tus clientes desde que te estableces hasta el momento en que se van? ¿Tu tienda u oficina está configurada de una forma que facilite el proceso de toma de decisiones y experiencia del usuario? Si llevas tu negocio principalmente en línea, ¿qué se siente al navegar por tu sitio web?

Cuando se trata de usar realmente tu producto o servicio, ¿qué elementos de su funcionalidad lo hacen más fácil o más atractivo para cierto tipo de personas?

Con toda probabilidad, el producto o servicio que ofreces está diseñado para ahorrar tiempo, esfuerzo o dinero a tu público. Si, sin embargo, el proceso por el que tienen que pasar con el fin de comprar o aprender acerca de tu producto implica desperdiciar cualquiera de esas tres cosas, entonces ni siquiera se molestan.

Incluso si lo quieren lo suficiente como para atravesar los obstáculos que has puesto en su camino, su percepción inicial del producto va a ser negativa y ya estarías en una posición de desventaja. Lo más probable es que haya otras personas ofreciendo un producto o servicio similar. Si es más fácil para tus clientes obtenerlo en otro lugar (incluso si es un producto inferior) muchos escogerían hacerlo.

Como nunca antes, las personas están muy motivadas por el tiempo, y particularmente por la idea de ahorrarlo. Nuestra capacidad de atención es más corta que nunca. Cualquier cosa que se tome más de un par de clics es demasiado trabajo. La carga recae sobre ti, en llegar a cualquier extremo posible, para eliminar cualquier obstáculo colocado en el camino del cliente para tener acceso a lo que vendes.

¿Qué Están Haciendo tus Competidores?

Otra forma de encontrar tu público perfecto es mirando más de cerca a tus competidores. Entendiendo a tu competencia, ganas la habilidad de identificar sus fortalezas y debilidades. Esto te permite averiguar lo que están haciendo, y de esta manera puedes hacer que tu compañía sobresalga de entre las suyas y a la vez, averiguar lo que puedes ofrecer para atraer clientes a tu compañía.

Debes tratar de emular sus fortalezas tanto como sea posible para tus recursos de tiempo y dinero, pero aún más importante, debes buscar cualquier hueco que no estén ocupando en el mercado. Aprender más sobre tu competidor te permitirá conocer las necesidades de tus clientes que otras compañías no conocen, ver a lo que te enfrentas y además, te mantiene proactivo en tus ofertas.

Recuerda: no es tu mejor interés convertirte en un clon exacto del éxito de otro. Ellos tienen ventaja sobre ti y existe lealtad en ese sector del mercado específico. Si entiendes lo que están haciendo bien, puedes modificarlo lo suficiente para crear algo nuevo, y que se oriente a un problema que no estuvieran satisfaciendo plenamente antes de que llegaras. Puedes encontrar que mucha de la gente que compra a tu competidor lo hace sólo porque eso fue lo más cercano a lo que estaban buscando, pero todavía les dejó anhelando algo mejor.

Un buen ejemplo de este principio es la aplicación para citas extremadamente popular Tinder. Que se ha propagado a lo largo y ancho del mundo, en parte porque es muy sencilla. Tinder permite a hombres y mujeres subir un número limitado de fotografías y una muy breve descripción de ellos mismos en un perfil básico. Luego ellos son emparejados aleatoriamente con miembros del sexo opuesto en cualquier localidad que elijan, y se les da la oportunidad de iniciar o no una conversación, arrastrando hacia la derecha o hacia la izquierda si les gusta lo que ven. Si ambas partes arrastran a la derecha en el perfil del otro, se les permite enviarse mensajes entre sí.

Tinder tiene la reputación de ser utilizado principalmente por personas jóvenes buscando "ligar" o tener sexo sin ninguna otra obligación. Esto no sorprende, considerando que los únicos criterios reales de emparejamiento en su sistema son edad, localidad, y apariencia física. Mientras que quienes buscan encuentros románticos superficiales podrían ser la audiencia. También hay muchas personas que la usan para citas casuales, relaciones serias, o incluso solo amistades platónicas (o así lo afirman para guardar las apariencias). ¿Por qué usarían esa plataforma tan simple para algo para lo que claramente no está diseñado?

Aunque existen muchos otros servicios específicamente diseñados para otros tipos de relaciones, ninguno de ellos ofrece la simplicidad de uso que Tinder brinda. Sitios web como OkCupid y Plenty of Fish, generalmente requieren que los usuarios pasen varias horas rellenando largos perfiles escritos, respondiendo encuestas de personalidad, y buscando muchos perfiles similarmente complicados antes de escalar en la conversación hacia mensajes o llamadas telefónicas, para finalmente conocerse en persona. Para bien o para mal, Tinder está diseñada para acelerar ese proceso con referencia en la menor cantidad de entradas posible. Por eso, aunque Tinder no es lo ideal para lo que quieren, es tan fácil de usar como una aplicación móvil demasiado grata para ser ignorada.

¿Qué significa esto para otros emprendedores que quieran entrar en la industria de citas *on line* o a través de móviles? Deben aprender de lo que Tinder hace bien, y adaptarlo a su propia USP, personalidad y audiencia. Si alguien pudiera implementar correctamente "Tinder para relaciones serias", lo que replicaría la simplicidad de Tinder con una personalidad y estrategia de mensaje diseñadas para agradar a personas en busca de compañeros a largo plazo, tendría un negocio poderoso.

Incluso siendo un mercado específico probablemente mucho más pequeño, podrían tener un completo dominio sobre él. Muchas de las personas que utilizan Tinder de mala gana, debido a la falta de una alternativa más potente para sus necesidades, podrían emigrar rápidamente hacia la nueva plataforma.

El Puente Entre tu Compañía y tu Público

El perfil de tu compañía y el perfil de tu público son dos lados de la misma moneda. Tu prioridad debe ser construir ambos en conjunto a medida que avanzas. Solo cuando tienes una imagen clara de estos dos conceptos es cuando puedes empezar a construir un puente de comunicación entre ellos. Desarrollar tu Propuesta Única de Ventas y tu perfil de personalidad está cubierto respectivamente en los capítulos 6 y 7 de este libro. Próximamente, la Sección III se enfocará específicamente en el arte y la ciencia de la comunicación en los negocios.

El puente de comunicación actúa para atraer clientes a tu negocio y te permite exhibir la singularidad de lo que tienes para ofrecer. Este es un proceso de dos vías. Sólo porque una compañía sea lo bastante buena en marketing de hamburguesas, no evita que otras compañías puedan hacer lo mismo. De hecho, el éxito de muchos negocios que ofrecen productos similares se debe al "puente" que construyen entre sus productos similares y perfiles de compañía distintos.

Esto debería ser obvio, pero es uno de los problemas más grandes a los que un emprendedor se enfrenta cuando lucha contra el dilema de qué hacer después. No puedes crear realmente una campaña de marketing efectiva sin primero conocer qué tipo de personas deben leerlo. Aún así, la mayoría de la publicidad se focaliza principalmente en los atributos del producto, ignorando la mentalidad del espectador.

Conocer a tu público es crucial, pero no lo es todo. Una vez que has encontrado tu audiencia, necesitas aprender entonces todo lo que puedas sobre ellos. Cuanto más pequeño y específico es el grupo, más fácil es lograrlo. Esta es otra razón para mirar lo más lejos posible en el momento de decidir cuál es tu mercado.

La información que necesitas conocer incluye cosas obvias, como de qué manera obtienen actualmente el producto que estás ofreciendo, hasta información más sutil pero igualmente importante. ¿Cómo prefiere obtener información tu grupo de personas objetivo? Personas diferentes prefieren maneras diferentes de aprender cosas nuevas y expandir sus intereses, incluyendo sitios web, revistas, anuncios comerciales de televisión, o simplemente oír las palabras que salen de la boca de un grupo de amigos de confianza. ¿Qué aspiraciones tienen? ¿Qué les motiva?

Cuanto más sabes de ellos, puedes encauzar mejor tu mensaje. Lo más probable es que la gente adecuada lo percibiera realmente, y también mucho más probable que respondieran, porque atraería a algo que les importa soberanamente.

Debes considerar también que tu producto puede atraer fácilmente a dos o más mercados distintos. Obviamente es algo bueno, ya que cuanto más valor proporciones mejor, pero necesitas darte cuenta que son dos mercados separados. Tu argumento de marketing puede ignorar uno de esos grupos por completo, pasando por alto la mitad de tu base de clientes potencial. Al segmentar a tu público entre sus categorías y especificaciones relevantes, puedes entonces apuntar a cada una según sus propias características individuales.

Los medios del mercado cambian a través del tiempo. Las personas de todos los grupos demográficos se están volviendo más sofisticadas en sus hábitos de compra. Diez años atrás, la gente de más de cincuenta raramente habría usado Internet como primera opción para buscar información sobre un producto que quiere comprar. Ahora lo hacen con sus teléfonos inteligentes casi en cualquier lugar al que van. Necesitas mantenerte al ritmo de estas tendencias cambiantes o tu producto será percibido como irrelevante. Esta es una parte crucial del proceso de adaptación empresarial, y requiere que conozcas los hábitos de tus compradores.

Adaptar tu enfoque a un público específico no está sólo en el medio, sino también en el contexto mismo. La elección de las palabras, el tono, y el enfoque varían significativamente dependiendo del grupo demográfico al que estés apuntando. La edad, el nivel de educación y el género de a quienes te diriges influyen sobre tu opción, así que es absolutamente crucial que sepas todo lo posible sobre a quienes estás alcanzando.

Esto va tanto para otros negocios como para otros consumidores. Si vas a vender directamente a organizaciones, necesitas saber con quién estarás tratando y qué nivel de pericia técnica manejan en esas organizaciones. Puede que tengas el argumento más convincente del mundo, pero si es presentado de forma equivocada, la persona que hace la decisión de compra lo pasará por alto.

El tiempo, esfuerzo, y dinero que inviertes en descubrir cuál es tu audiencia y cómo llegar a ella, valdrá la pena. Sin esa preparación, estarías en peligro no sólo de desperdiciar tu tiempo y tu dinero, sino también la de dar una impresión errónea en las personas que hacen posible tu éxito.

SECCIÓN III

Cuenta tu Historia al Mundo

Introducción a
Cuenta tu Historia al Mundo

La comunicación ocurre en cada momento compartido y de formas que no siempre resultan evidentes. Ocurre en la manera en que te peinas cualquier día. Ocurre en lo recto que camines o en la forma en que entras a una habitación. La ropa que vistes cuenta una historia importante sobre quién eres. Hay incluso otras cosas que damos por sentadas sobre los mensajes que enviamos al mundo.

Muchas personas no quieren gastar dinero en un producto o servicio con el que no se pueden identificar. Quieren sentir una conexión de confianza fundamentada en una relación previa. El problema con la mercadotecnia en el cambiante clima digital actual, es que apenas tienes unos pocos segundos para establecer esa conexión.

Las ventas consisten en aprender a dirigir la información que entregas en virtud de un resultado específico: hacer que otros piensen de la forma que tú quieres que piensen sobre tu negocio. Cuando concuerdan contigo con respecto al valor que ofreces, están listos para llevar a cabo las acciones que quieres que tomen. Esto se puede hacer de una manera no ética (engañando a alguien para que realice una compra con falsas premisas e información incompleta) o éticamente (a través de la educación y el soporte emocional).

Ser un comunicador efectivo es ser absolutamente claro en tu mensaje fundamental. Si tu propósito es atraer románticamente a miembros del sexo opuesto, existe una combinación de factores que te pueden ayudar más en esa misión. Sin embargo, estos factores puede que no sean compatibles con otras metas que tengas, como aparentar inteligencia, intimidación, empatía, elocuencia, o cualquier otra cosa. Debido a que no puedes ser todas las cosas para todas las personas durante todo el tiempo, tienes que elegir lo que es más importante para ti y ser consistente con ello.

Para que la identidad de tu marca sea efectiva, es imperativo que entiendas los resultados esperados de toda la información sutil que envía al mundo. En esta sección del libro, nos focalizaremos en convertir los componentes fundamentales de la identidad de tu marca en una presentación que merezca la atención de tu audiencia.

A veces, la meta de tus comunicaciones es conseguir la primera compra de un consumidor. En otro contexto, sería venderles algo más grande que lo que inicialmente compraron. Necesitas aprender a saber cómo motivar a la gente a para que actúen inmediatamente con la nueva información que estás entregando.

A lo mejor estás en un punto en tu negocio donde no estás focalizado en las ventas de productos por dinero inmediato, sino más bien en la meta de construcción de una reputación a largo plazo. En este caso, tu finalidad es plantar semillas de confianza y autoridad en las mentes de tu público. Serías la primera opción a la que acudirían cuando se enfrenten a un problema que estás preparado para resolver. Ventas inmediatas y marca a largo plazo no son siempre compatibles, pero un comunicador sabio puede compilarlas con una estrategia de mensaje exhaustiva.

Habrá momentos en los que no estés preocupado por lo que tus consumidores piensen. A veces solo necesitarás dirigirte a otros profesionales que no tienen deseo de comprarte. Su interés rondará alrededor de tu potencial para comercializar, y no como el productor de un tipo específico de valor. Te podrían ver como una amenaza, socio u oportunidad de inversión.

Si te ven como una amenaza, tu meta es intimidarlos lo suficiente para que no intenten invadir tu territorio de mercado. Si te ven como un socio, tu meta debe ser mostrarles cómo destacarse para generar ganancias trabajando contigo. Si te ven como una inversión, tu meta es demostrarles tu competencia y viabilidad en el mercado.

Los emprendedores perezosos limitan su comunicación con los consumidores a técnicas de mercadotecnia tradicionales basadas en la impresión. Confían en frases, nombres pegajosos, y otros esquemas de marca superficiales para crear asociaciones vagas con su compañía. En vez de eso, los negocios pequeños deben educar al mundo sobre oportunidades no conocidas o no disponibles para la felicidad personal.

Aprendiendo a ser un mejor comunicador, ganas acceso a un nuevo y amplio mundo de oportunidades que están solo disponibles si sabes cómo hablar de una forma que haga que los otros quieran escuchar. Solo el conocimiento y la habilidad pueden llevarte tan lejos. Las relaciones que tenemos con otros son lo único que hace posible que nuestras acciones individuales tengan un mayor significado, pero solamente si dominas el arte de la influencia.

Cualquiera que sea la base de lo que estás intentando transmitir, sólo será amplificado cuando apliques los fundamentos de la buena comunicación.

COMPRENDER TUS METAS DE COMUNICACIÓN

No es posible medir el progreso hasta que no sepas qué es lo que quieres lograr. Antes de poder comenzar a crear una estrategia de comunicación, primero necesitas haber perfilado tu identidad específica. ¿Cómo se supone que sabes qué combinación de frases, lemas, símbolos, esquemas de color y personajes van a crear la impresión más favorable en la mente de tu audiencia si no has analizado lo que están buscando? ¿Cómo se puede mostrar lo mejor de ti si apenas sabes de qué se trata?

En la última sección, cubrimos los tipos de preguntas que necesitas hacerte y las formas en que tu perspectiva tiene que cambiar para insertar valores fundamentales en la parte visible de tu negocio. Estos valores se observan en la forma en que la personalidad de tu marca y tus productos y servicios pueden ser mostrados de manera única a un sector muy específico del mercado. Debido a que ahora entendemos qué es lo que tratamos de decir, nuestro enfoque ahora está en la mejor manera de expresarlo. Es ahí donde introducimos el dominio de las ventas y el mercado.

Existe una razón por la que las ventas y la mercadotecnia son la perdición de muchos fundadores. Lo entiendo. Has trabajado muy duro solamente desarrollando tus productos y al mismo tiempo llevando tu negocio. ¿Ahora de repente tienes que convencer a alguien más de que vale la pena prestar atención a tu negocio? ¿Tienes que hablarle a completos desconocidos y hacer que den su dinero simplemente porque tú lo dices? Este es un proceso repugnante para quienes no son comunicadores natos.

Ya sea porque tu plan es estar a cargo de tus propias ventas o no, cada creador debe entender los elementos esenciales de su estrategia de comunicación. Esto será integral en la forma en que entrenas a tus empleados, traes nuevos socios, expandes tu línea de producción, y aumentas tu público. Por lo menos, debes lograr estar mucho mejor preparado para delegar estas tareas en las personas más cualificadas, de la mejor manera posible.

Hagamos aquí una mejor distinción entre las ventas y la mercadotecnia, porque a menudo las dos cosas son vagamente agrupadas como un proceso. Lo cierto es que aunque estén relacionadas y complementadas, siguen llevando a cabo diferentes funciones en cualquier negocio. Es posible que un negocio haga una bien y descuide casi por completo la otra. De igual manera, puedes tener un gran talento para una, pero no tener esperanzas con su contraparte. Eso está bien. La clave para mejorar es entender dónde yacen tus debilidades, y mejorarlas sistemáticamente.

Las ventas es el proceso de convertir no clientes en clientes, o incrementar la calidad de la compra y la frecuencia de los clientes previos. Es lo que crea ganancias directas a tu negocio, y en muchas formas es lo que hace a tu negocio "legítimo". En pocas palabras, sin ventas, no tienes un negocio.

La mercadotecnia es el acto de incrementar el conocimiento de tu marca. Su propósito es hacer que más personas sepan quién eres, o recordarles a los que ya te conocen por qué les debe importar tu existencia. No necesariamente conduce a un incremento directo en tus ganancias. Muchas de las personas que saben quién eres nunca te han comprado realmente algo. Estar donde incluso las personas que nunca hayan usado algo de lo que vendes te reconocen como un líder en el mercado de tu industria, o te asocian con una característica específica deseable, es una poderosa posición para una marca.

Incluso los no clientes que te reconocen, pueden contribuir al efecto de red que transmite tu marca hasta que alcanza la mente de un consumidor ideal.

La razón por la cual las ventas y la mercadotecnia son confundidas a menudo o agrupadas juntas, es porque una puede directamente conducir a la otra. Necesitas personas que tengan conocimiento de tu solución antes de poder ser convencidas para comprarla. A una escala suficientemente pequeña ambas acciones pueden ser logradas a la vez casi perfectamente. Sin embargo, a medida que creces, tendrá cada vez más sentido separarlas para que tengan una mayor eficiencia. Para realizar estas dos tareas, necesitas afilar y perfilar tus habilidades de comunicación.

Lo que decides comunicar puede variar, pero preferiblemente puede incluir una combinación de lo siguiente:

- Declaraciones de misión y visión sobre por qué tu compañía existe.
- Un mensaje de parte del fundador o director ejecutivo sobre logros anteriores, experiencias, y metas.
- La historia de la compañía (o lo que condujo a su fundación).
- Información sobre el equipo fundamental y demás personas de la organización.
- Tu línea de productos actual y futura.
- Eventos promocionales que estés planificando.

Tu mensaje debe ser personal. Debe versar acerca de las verdaderas personas que han ayudado a dar forma y perfilar a tu compañía hasta la fecha. Muchos perfiles de compañías exitosas están escritos en primera persona. Hablan de sueños individuales, esperanzas, y metas, tanto dentro de la compañía como a un nivel personal. Incluir a otros miembros de tu equipo es crucial para crear una vista global de tu compañía. Los perfiles del equipo deben explicar cuál es su posición, pero también cómo una persona en particular ha ayudado a dar forma a la compañía. Excelentes perfiles de compañía también incluyen cómo cada miembro del equipo pucde asistir al cliente.

Cualquiera que sea tu meta, las habilidades que adquieras aquí serán de gran valor tanto en tu compañía como en tu vida personal. Cuando quieras tener algo hecho que requiera la colaboración de otras personas, la comunicación efectiva es el catalizador que lo hace posible. Mientras desarrollas tu habilidad para hablar, escribir y presentarte favorablemente, haz que sea notable poner en práctica estas tácticas tan pronto como sea posible. No solamente retendrás mejor la información, sino que también estarás animado emocionalmente para continuar cuando veas los efectos tangibles de una mejor comunicación.

Dominando el arte de la comunicación, harás que las personas quieran trabajar contigo y que los consumidores te quieran comprar. Esta es la cosa más impactante que puedes cambiar para mejorar tus oportunidades.

Aún si no hicieras nada más que comunicarte efectivamente, podrías llegar muy lejos en los negocios y en la vida.

CAPÍTULO 9

Cómo Vender Quién Eres

Posicionar tu producto o servicio en el mercado es para tratar de hacer que bastantes personas vean que el valor que recibirán es mayor que cualquier otra cosa en la que pudieran gastarse el dinero. No sólo compites en tu industria contra otras personas. Literalmente es contra todos los otros productos en el mercado e incluso, todas las otras actividades en la que podrían estar gastando su tiempo. El dinero y el tiempo son finitos incluso para las personas más ricas y poderosas del mundo. En cualquier lugar que gastes cinco dólares en una taza de café, esa taza está compitiendo con lecciones de ballet para tu hija o fundas de cuero para los asientos de tu coche.

Adicionalmente, cada decisión de compra puede ser dividida en una serie de decisiones más pequeñas realizadas en momentos simples. Una taza de café nunca más será sólo una taza de café. ¿Quiero descafeinado? ¿Quiero latte? ¿Quiero cappuccino? ¿Quiero un frappuccino moka de caramelo tostado medio oscuro descafeinado con crema batida? Todos estos entran en categorías diferentes de elección dentro de la elección inicial de comprar café. El economista Austriaco Ludwig von Mises proporcionó un estudio concentrado en los mecanismos de decisión humana en su obra magna, La Acción Humana. Mostró cómo micro acciones de personas individuales se combinan para crear tendencias de mercado dentro de economías de larga escala.

Vender es cuando transfieres información útil y motivación emocional a otros, con el fin de lograr que tomen una acción en su propio beneficio, que de otra forma no hubieran tomado. Se trata de ayudar a los demás a ayudarse a sí mismos para tomar mejores decisiones en su propia búsqueda subjetiva de felicidad. Cuando te vendes a ti mismo, ayudas a alguien a entender cómo le puedes asistir para mejorar su propia vida, y darle el apoyo que necesita para superar cualquier resistencia emocional para decantarse por ti.

Un vendedor ético no intenta convencer a alguien de hacer algo que no crea que no va a ser para su beneficio. Sin embargo, si conoces algo que podría ayudar a alguien más, ¿no harías todo lo posible para ayudar a esa persona a que lo vea por sí misma? No importa cómo te sientas actualmente al hablar sobre ti o tu negocio, esta es la actitud que debes adoptar si quieres ser exitoso en las ventas. Finalmente, ya sea porque personalmente termines o no manejando las ventas de tu compañía, como líder aún necesitas conocer la estrategia fundamental para convertir nuevos clientes y compartir tu historia.

El título de este capítulo ha sido escogido de manera muy deliberada. Enfócate en vender quien eres, porque esa es la meta final de una marca. Estás presentando una identidad inventada al mundo y pidiendo a todos que la consideren digna de su atención. Estás levantándote diciendo que eres una entidad valiosa en el mercado, y que otros se beneficiarán enormemente al conocerte. Así que incluso cuando estés solo lanzando un producto o servicio determinado producidos por tu compañía, aún representas la identidad general de tu marca.

En la última lección, hablamos mucho sobre cómo entender a tu audiencia es simplemente cómo entenderte a ti mismo. Una buena comunicación es un proceso de dos vías. Cualesquiera que sean las palabras que usas en un discurso o escrito, deben adaptarse a la mentalidad de las personas presentes que se encuentran en el extremo receptor. Esto es parte de lo que hace tan difícil enseñar. No estás simplemente explicando cómo funciona algo. Estás identificando dónde termina el nivel de conocimiento actual de tus estudiantes, para encontrar las palabras que necesitas para llevarlos al próximo nivel, a su propio ritmo y a su propia manera.

Cada persona a la que diriges tus argumentos de venta viene de un lugar distinto, sin importar lo bien que trates de localizarlos. Tienes que estar muy alerta de la información que estás transmitiendo y a la forma que las personas en tu entorno estén predispuestas a interpretar diferentes señales. De otro modo, posiblemente no puedas adaptar tu enfoque a ellos como individuos.

Algunas señales son universales. El lenguaje corporal básico es una parte evolucionada de la psicología humana en todo el orbe, solamente con mínimas variaciones. Podemos incluso ver muchas de esas señales físicas de comunicación en otros mamíferos. Hombros anchos y rectos y un pecho inflado muestran dominio, confianza, y en algunos casos agresividad. Hombros encorvados y una estructura del cuerpo cerrada muestra miedo, sumisión, y falta de seguridad en general. Esto se aplica para otras cualidades como el tono de voz y la velocidad de habla, aunque algunas expectativas culturales empiezan a entrar en juego aquí.

Factores artificiales como la vestimenta son más dependientes del entorno social y del contexto. Durante miles de años, quienes han logrado el rango social de "realeza", han utilizado sus prendas de lujo para distinguirse de las clases más bajas. Hoy en día, cualquiera se puede "maquear" de la manera que quiera. Puedes crear la apariencia de un individuo de alto estatus, simplemente adoptando el apropiado aspecto cultural que ellos utilizan. Accesorios adicionales como joyas, relojes y gemelos mejoran ese efecto.

Cualquier rasgo de personalidad que intencionalmente muestras a través de tu lenguaje corporal, tono de voz, y vestimenta debe ser consistente con el perfil general de personalidad de tu marca, discutido en el capítulo 7. Sólo porque una chaqueta, camisa de vestir, corbata y un juego de gemelos de oro sean el enfoque correcto para alguien más, no necesariamente significa que sean el enfoque correcto para ti. Tu público puede ser servido mejor por un conjunto de rasgos de personalidad más relajados, fantásticos o irónicos. Solo tú puedes determinar cómo personificar el nuevo tú.

Los próximos dos capítulos cubrirán las diferentes dinámicas de hablar y escribir efectivamente, ya sea en un escenario de venta o algo más relacionado con tu negocio. Estos son los vehículos a través de los cuales damos a conocer nuestra historia al mundo, independientemente de los muchos cambios por los que pasa el mercado, ya sea cultural o tecnológicamente.

El Arte de Promocionar

Cuando entiendes quién eres y a quién te estás presentando, es una buena idea poner tu historia en un formato oficial que guiará a la vez a tu público objetivo desde la total ignorancia de tu existencia, hasta que esté listo y dispuesto a decidir realizar su primera compra contigo. Un buen argumento de venta cuenta una historia interesante que coloca a tu consumidor como el personaje principal, sorteando grandes obstáculos en el camino hacia una mayor felicidad. Está diseñado para satisfacer sus necesidades, no para presumir tus logros.

Piensa en las cosas desde la perspectiva de tu cliente. Si voy hacia ti buscando una solución muy específica a un problema en mi vida, pero en vez de eso empiezas a hablar sobre otros aspectos de tu producto que realmente no tienen nada que ver con lo que quiero, no voy a darme cuenta de lo que es valioso en tu actividad, simplemente lo voy a ignorar. Tienes que separarte lo suficiente de tu propia idea y de lo que hace a tu compañía buena para contar la historia de la que yo (tu público objetivo o *prospect*) quiero formar parte.

La manera ética de persuadir a nuevos compradores es focalizarse en lo que el público busca. Lo logras mucho mejor escuchando que hablando. Haz que tu público empiece a hablar sobre ellos mismos, sobre lo que les preocupa y lo que están buscando. Cuando estés hablando con alguien por teléfono, a través de correos electrónicos o cara a cara, el tema favorito de la mayoría de las personas es ellos mismos. Si les das espacio y los preparas con las preguntas correctas, te contarán todo lo que quieras saber sobre ellos, pero sólo si has aprendido a escuchar activamente.

La tecnología y comodidad del mercado han causado que la mayoría de los consumidores hoy en día se vuelvan perezosos.

Generalmente, la carga recaerá sobre ti para salir de tu camino y mostrarles exactamente lo que quieres que vean. Ellos no quieren tener que descubrir las cosas por sí solos, y no te darán muchas oportunidades para presentar tu oferta en el contexto correcto, con la combinación correcta de palabras e imágenes. Puedes alinear el valor que tu producto proporciona con la percepción de valor que alguien está buscando, y luego comunicarlo a través de palabras e imágenes. Es aquí cuando las ventas empiezan a ocurrir fácilmente y sin fricción innecesaria.

Cuando promocionas tu compañía, nada sería mejor que tener a alguien justo en frente. Esta configuración te permite monitorear cómo sus respuestas cambian a través del tiempo, a medida que te presentas con nueva información. No siempre son directos y te dicen qué les gustó o no, o lo que quieren que digas después. Si desarrollas habilidad para observar, verás qué necesitas hacer después de manera clara en sus expresiones faciales, lenguaje corporal, y tono de voz, además de cualquier objeción específica que planteen.

Por eso el abordaje a desconocidos, como la venta de puerta en puerta, es una de las formas de vender más difíciles, pero a la vez más efectivas. No hay otro acercamiento que te coloque en la posición de desviar la atención en el universo, u otra cosa en la que una persona pueda estar enfocada, para monitorear sus expresiones en tiempo real mientras navegas hacia una decisión de compra importante. Un observador habilidoso sabe formular las preguntas correctas, y presentar la información para que siempre se dirijan a lo que el oyente esté esperando que diga. Esto les mantiene comprometidos, y la conversación fluyendo hacia la meta de una compra mutuamente deseada.

En algunas situaciones, he tenido que realizar la tarea de llamar en frío a cientos de clientes potenciales antes de que otra iniciativa de ventas mayor pudiera empezar, para de ese modo, poder medir la receptividad del mercado a muchas variaciones diferentes de presentar una oferta. Fui capaz de asimilar lo aprendido de esas tantas llamadas, y elaborarlo dentro de un acercamiento de ventas narrativo y multinivel, que ya había sido probado en el mercado con una muestra de gran tamaño.

El punto de todo esto fue recolectar suficiente información del mundo real tomando respuestas humanas reales, para formular un plan de ataque que pudiera funcionar al ser aplicado a mayor escala.

El Marketing del Gato Callejero y el Abordaje en Frío para Ventas Instantáneas.

Una pasión personal para mí es el bienestar animal.

Más específicamente, me refiero a cuidar los gatos callejeros enfermos, y llevarlos nuevamente a un hogar con alguien que pueda cuidar de ellos permanentemente. La mayoría de las personas pensaría que esta práctica no es compatible con mi estilo de vida tan agitado, sabiendo que a menudo no paso más de un par de semanas o meses en el mismo sitio. Piensen que encontrar a alguien que adopte un gato es un proceso largo y no algo que se pueda lograr espontáneamente. Después de todo, mira cuántos gatos callejeros hay en las calles o en refugios esperando encontrar dueño.

En el transcurso del año pasado, puse fuera de las calles de Guanajuato, Casablanca, Kumasi, Kuala Lumpur, Ubud, Tbilisi, Atenas y otras ciudades, a por lo menos una docena de gatos, y les encontré nuevos hogares permanentes. La razón por la que estoy equipado para hacer esto es porque entiendo el arte de promocionar en frío. Sé cómo seleccionar público cualificado entre un gran grupo aleatorio de personas, mostrar los atributos atractivos más singulares de lo que estoy vendiendo, y decir las palabras correctas que conduzcan a una decisión de compra, tan pronto como sea posible. Puedo hacerlo incluso en lugares donde no tenga conexiones sociales, y no conozca el lenguaje o cultura locales.

Llamo a mi proceso "El marketing del gato callejero". Esto tiene un doble significado, porque los gatos son "gatos callejeros", y estoy consiguiéndoles nuevos hogares a través del "marketing callejero" pasado de moda. Usualmente consiste en tomar a mi último compañero felino en mis brazos y serpentear a través de un área pública poblada, como parques y cafeterías al aire libre, para acumular la atención y el interés del público cualificado (es decir, otras "personas gatunas"). Es un hecho irrefutable que cualquier persona a la que le gusten los gatos, será arrastrada irresistiblemente hacia un joven bien vestido cargando un lindo gato entre sus brazos. Ese es el primer paso en el proceso de cualificación, y se convierte rápidamente en pistas viables.

La propia rareza de la situación ocasiona que muchas personas miren hacia mí, o se me acerquen para acariciar el gato y hacerme preguntas. En ese momento, ya estoy llamando la atención por ser único en mi entorno. Debido a que en este punto ya están intrigados y haciéndome preguntas, todo lo que tengo que hacer es responder de una forma que continúe impulsándoles a querer saber más. Respondo en forma de narrativa corta, una historia sobre cómo soy: un viajero perpetuo que vive alrededor del mundo, rescatando gatos en el camino. Ahora entran en contexto, tanto con quién soy, como con la información importante que vendrá a continuación.

Cuando explico que encontré el gato que estoy cargando luchando para sobrevivir en la calle, y lo ansioso que estaba para venir conmigo y cómo resultó ser una mascota saludable y sociable, mi público se siente comprometido emocionalmente. Están listos para la llamada a la acción.

Les digo que pronto me marcharé del país, y que si no puedo encontrar un nuevo hogar, para este gato que ha surgido de la pobreza para ser la bella criatura que tienen en frente, con su pelaje suave y ojos amorosos, con los que están en el proceso de involucrarse emocionalmente, tendría que dejarlo de nuevo en la calle donde lo encontré. Si realmente quiero llevarme el punto a casa, les enseño fotografías en mi teléfono de las malas condiciones en las que el gato estaba cuando me lo encontré. Esto sirve como prueba de la historia que estoy contando, y valida su floreciente compromiso emocional.

Inmediatamente entienden, sin yo decirlo, que el gato perdería la confianza que ha desarrollado en los humanos, y se convertiría en un animal salvaje y roñoso otra vez. En ese punto, raramente les tengo que pedir que hagan algo. Si pueden quitarme de encima al gato y darle un hogar, se ofrecen. O, más probablemente, se brindan para buscar a alguien que quiera un gato y luego contactarme.

El intercambio completo se puede demorar sólo un minuto, pero el mensaje y su impacto son claros. Hasta ahora no me ha fallado, y he podido encontrar hogares para gatos callejeros en menos de una hora, o en algunos casos, hasta unas cuantas semanas. Una vez incluso tuve una camada de cinco gatitos bajo mi cuidado, y los crié dentro de mi maleta durante seis semanas hasta que pude encontrar a alguien dispuesto a acoger a toda la familia.

Lo que hace todo esto posible es una mejor narrativa y la bondad de un acercamiento en frío, que muy pocos fundadores están dispuestos a probar con sus propios productos. Los gatos (los "productos" en este escenario) ya están ahí, libres para ser adoptados por cualquiera que llegue a la conclusión por sí mismo, de que quiere uno. La razón por la cual no se salen de su camino para llevar a casa a un gato callejero, es porque nadie ha hecho que eso les sea conveniente, o no les ha dado ninguna única y especial razón para elegir a un gato sobre el otro.

Cuando se encuentran espontáneamente con una oferta usando mi acercamiento en frío de mercadeo del gato callejero, no están contemplando el concepto de adoptar a un gato callejero como un todo. Están viendo una criatura única, que existe en una categoría por sí misma. Esto permite un nivel más profundo de inversión emocional. Hay elementos de escasez y urgencia añadidos a la conversación. Existe solo una unidad de este gato en particular con una historia tan entrañable, y se debe tomar una decisión rápido, o la oportunidad se perderá para siempre y el pobre gato será el que pague el precio.

Como vendedor, puedo ser el puente que conecta a esos "compradores" potenciales con lo que no sabían que querían, hasta que simplemente se les presentó la oferta correcta. Es algo bueno tanto para ellos como para el gato. Todos ganan, y lo mejor es que nunca se muestra todo este asunto como una estrategia de venta. Las personas a las que hablo nunca tienen la impresión que están siendo comercializados o manipulados para actuar de una manera determinada. Simplemente hacen lo que sienten como adecuado en el momento.

La mejor estrategia de venta del mundo es aquella que no se ve.

Propuestas de Valor Simples VS Complejas

Mientras más simple sea tu propuesta de valor, más fácil es comunicarla a un público masivo. Por el contrario, mientras más complejo es el producto, más atractivo será para un grupo demográfico específico de compradores con preferencias más refinadas. En estos casos, será mucho más importante hablar de la calidad de sus ingredientes, la técnica con la cual está hecho, la experiencia de la gente detrás de este y cualquier otro diferenciador potencial.

Como propietario de un negocio pequeño, no es viable para ti tratar de ser atractivo para las masas. Tu meta debe ser llegar a profundizar con una promesa específica y hacer de tu marca sinónimo de esta.

Para una compra más grande como un coche, la gente tiende a pensar mucho en cada detalle que va dentro de esa decisión. Consideran lo a menudo que necesitaría mantenimiento, o en cualquier forma en que lo quisieran conducir en un futuro previsible. ¿Cuántas personas transportará? ¿Cuánto tiempo le lleva ponerse de 0 a 60? ¿Es seguro en un accidente? ¿Cuál es el valor de reventa después de 100,000 millas? Estas y otras son las variables que tu estrategia de venta necesita abordar, si quieres dar una impresión con una propuesta de valor tan específica y compleja.

La manera en que deduces exactamente qué información es relevante para tu público y qué es redundante, depende de lo bueno que seas haciendo preguntas y escuchando. Es tu trabajo descubrir las preguntas apropiadas para realizar a las personas adecuadas, ya que la gente raramente sabe qué información compartir sin que le sea solicitada. Es por esto por lo que realmente conversar en vez de solamente entregar información unilateral, es crucial en las etapas de formación de tu marca.

Las cosas son muy diferentes cuando tratas de promocionar tu oferta en un formato escrito estático. La redacción en las ventas es una habilidad muy valiosa, porque requiere saber de qué manera enmarcar lo que estás vendiendo de forma que pueda acumular la mayor respuesta posible de quienes leen tus textos. Debido a que no puedes probar y ajustar una estrategia de ventas escrita a medida que es leída, tienes que ser muy cuidadoso en las etapas de escritura y edición, mucho antes de que sea publicada. Debes anticipar a qué problemas se están enfrentando cuando empiezan a ser leídas, y cómo guiar a tu interlocutor un paso a la vez con cada oración, hasta la conclusión a la que quieres que lleguen.

Puedes minimizar el efecto de cualquier medio escrito que esté dirigido a las masas al probar primero variaciones múltiples en grupos de muestra más pequeños. Esto te permitirá identificar tendencias en la manera en que tu audiencia responde a los diferentes tipos de escritura o puntos de venta específicos, y estarás mucho mejor preparado en todas tus futuras redacciones de venta.

Relacionar el Valor Práctico con la Experiencia Emocional

Es obvio que un buen argumento de ventas necesita contener unas características atractivas que separan a tu producto de opciones similares en el mercado. Más allá de los hechos físicos de lo que hace a tu oferta más práctica que la competencia, hay todo un espectro emocional de experiencias a través del cual tus posibles clientes interpretarán y recordarán tu marca. Tu trabajo es descubrir cómo conceptualizar los elementos prácticos de lo que vendes con emociones específicas.

Es lo mismo que la manera en que recordamos películas, obras de teatro, canciones e incluso personas que hemos conocido mucho después del acontecimiento. Cuando las personas recuerdan una historia, piensan en las persistentes emociones que destacaron en la experiencia (el drama, el miedo, la diversión, o la tristeza que experimentaron) más que puntos de trama específicos. Estas emociones colorean toda esa vivencia y dan el tono a los hechos y acciones que presenciamos como espectadores.

Puede que recuerdes los puntos más importantes de la trama de La Guerra de las Galaxias, como Luke Skywalker yéndose de casa, aprendiendo sobre La Fuerza y destruyendo la estrella de la muerte. Pero sin importar a qué edad la viste, probablemente tienes una impresión persistente más fuerte de la mezcla de heroísmo, ciencia ficción, filosofía, batallas espaciales, y sólo un toque de magia que define el "sentir" del universo de La Guerra de las Galaxias. Es el sentimiento de fidelidad a esa marca lo que importará en la mente de los fanáticos cuando decidan aceptar cualquier pre cuela o secuela subsecuente, como una auténtica sucesora de las originales que amaron.

Es mucho más simple demostrar el valor práctico de tu producto. Todo lo que necesitas es una descripción técnica de lo que haces. Si vendes píldoras dietéticas de hierbas, podría ser "mi suplemento permite que mujeres de más de 50 años pierdan 10 kilos en dos semanas sin dietas ni ejercicio". Si no puedes decir exactamente a las personas qué beneficios tendrán una vez que te den su dinero y su tiempo, vas a pasarlo mal tratando de convencerlas de que lo hagan. Las descripciones detalladas, ayudan a las personas a tener una concepción mental vívida de que lo que ofreces, es lo que están buscando. Elimina las conjeturas y los riesgos.

Además del peso que perderán y la constitución específica de las píldoras herbales, está la forma en que tu público objetivo se siente sobre perder peso. Tienes que tener en cuenta las potencialmente poderosas emociones que les llevan a considerar utilizar una herramienta para adelgazar. Debe existir alguna experiencia emocional negativa de la que estén dispuestos a alejarse, y una experiencia emocional positiva correspondiente que tu producto sea capaz de brindarles. Si no puedes recrear de manera acertada ese estado emocional positivo y enlazarlo a las características prácticas de tu producto, no podrás ser efectivo vendiendo.

Aprende a pensar en términos de qué hace algo para otras personas y cómo les hace sentir. Las personas responden a la emoción antes de responder al razonamiento intelectual, eso es lo que crea compromiso. Sin embargo, no quieres presentar emociones vacías sin nada real que las respalde. Habla sobre los beneficios prácticos en términos de cómo tu comprador se sentirá después de usar tu producto, y relaciona estos sentimientos de manera casual con las características específicas de tu producto. Con preparación, todo puede ser enmarcado en los términos de cómo mejora la vida de tu comprador.

El contexto de tu relación con tu público también importa. Debes ser capaz de hacer que completos desconocidos se sientan como si te conocieran lo suficientemente bien para confiar en que tus palabras son ciertas, y que su dinero se encuentra a salvo contigo. Puedes lograrlo con una personalidad muy atractiva para tu marca y enseñándoles que entiendes sus problemas.

La Prueba de Concepto

Incluso la estrategia de ventas peor redactada del mundo puede convertirse en exitosa, si es capaz al menos de hacer algo absolutamente crucial: proporcionar la prueba de concepto. La prueba de concepto es algo que demuestre a tu público que las cosas que dices son ciertas. Puede ser tan sutil como mencionar ejemplos reales de cómo tu producto ha beneficiado a otras personas en situaciones similares a las de tu público real (o incluso tu propia vida). Puede ser tan obvia como una demostración en vivo del producto como tal.

Si estás vendiendo un servicio que realizas tú mismo, ¿existen oportunidades dentro de la estrategia de ventas para mostrar los efectos del servicio? Si eres un consultor hablándole a un posible cliente por primera vez, ¿puedes mostrarle en los primeros quince minutos de conversación nuevas maneras de pensar o en cuántas oportunidades está dejando de actuar completamente? Cuando haces pequeñas cosas durante tu primera conversación, significa que sabes de lo que estás hablando y que valen el precio que estás pidiendo.

Para hacer uso de la prueba de concepto de manera efectiva, necesitas ser consciente del principal problema en el que tu posible cliente requiere que le ayudes. ¿Sabes lo que se piensa en el momento de decidir si comprar el Coche A o el Coche B, reservar ese paquete vacacional o ese otro, o contratarte como entrenador en vez de a alguien más? Usualmente, buscan algo específico y apreciable. Descubre qué busca tu público y encuentra una forma de mostrarle cómo tu producto lo proporciona adecuadamente.

Superando Objeciones

Las objeciones son cualquier idea en la mente de tu público objetivo que podría evitar que tome una decisión de compra importante. Es muy poco común que trabajes entre personas que ya tengan la certeza de que quieren comprar lo que vendes. Una gran mayoría necesita hasta cierto grado ser convencida de que tu producto es la mejor opción disponible, lo que significa que es tu responsabilidad saber manejar las objeciones verbales y no verbales que puedan tener.

Recuerda, no todo el mundo entra dentro de tu audiencia específica. Una objeción de compra real es cualquier cosa que pueda evitar que tu público le de todo el valor esperado a tu oferta, y que consecuentemente se convierta en una mala decisión de compra. Quizá es muy costoso para su situación financiera actual. A lo mejor muy ocupados para usarlo. Quizá sus deseos y necesidades son de verdad diferentes a como supusiste que eran, y no son relevantes para el problema específico que tu producto resuelve.

Es del mayor interés para ambos identificar cualquier cosa que pueda descalificarlo tan rápido como sea posible para que así puedan detener el proceso de ventas, y no desperdiciar el tiempo de ninguno de los dos. Sería completamente no ético por tu parte continuar tratando de vender algo a alguien que ha mostrado una objeción verdadera a tu oferta.

Sin embargo, si has hecho tu orientación lo suficientemente bien, las personas a las que les trates de vender deberían tener objeciones ilegítimas de menor importancia. Una objeción ilegítima es cualquier razón para no comprar que esté basada en una percepción errónea sobre el producto o una emoción irracional. Si un cliente potencial no puede observar cómo tu producto puede resolver su problema de una forma única y superior a cualquier otra opción disponible, significa que fallaste como comunicador. Depende de ti descubrir lo que tienes que decir o hacer para mostrarle el valor no visto de tu producto de manera innegable. Sólo entonces podría juntar las piezas y alcanzar una conclusión racional sobre la inclusión de tu producto en su vida.

¿Qué pasa si su objeción es emocional? A veces algún parroquiano ya conoce completamente lo que puede ganar al comprar tu producto. Ya reconoce los riesgos, y también los relacionados costos dinerarios y de tiempo como para decir que sí. Aun así, duda. Nunca ha gastado tanta cantidad de dinero en un automóvil antes. Quiere escuchar la opinión de su esposa antes de proseguir. Te conoció hace solo una hora y se siente muy aturdido con la idea de darte repentinamente miles de dólares de su dinero, ganado con el sudor de su frente.

En estas situaciones es donde necesitas cambiar tu gorro de profesor por tu gorro de entrenador. Para ser efectivo en las ventas, tienes que estar dispuesto a sujetar su mano y encaminarlo a través de la secuencia de emociones que le conduzcan a un mejor resultado, incluso si solamente es su propia duda lo que se atraviesa en el camino.

Más importante aún, debes entender que es muy extraño que las personas cuenten todas sus preocupaciones cuando saben que les intentas vender algo. Para algunas personas es natural ver una conversación de ventas como perjudicial en vez de colaborativa, y parte de su manera de mantener las fichas de juego en sus propias manos, es divulgando tan poca información como sea posible acerca de sí mismos y sus necesidades.

Si una venta no está fluyendo con naturalidad, pregúntate qué información te hace falta con respecto a la motivación de compra de tu cliente y sus objeciones potenciales. Luego, haz que hablen. Convénceles para que manifiesten esa información al exterior. Si dejas a alguien hablar lo suficiente, tarde o temprano te dirán todo lo que necesitas saber. Sólo cuando entiendes las objeciones específicas para su situación es cuando puedes dirigirlas y superarlas. Este es un ejemplo primordial sobre hasta qué punto la empatía emprendedora se vuelve indispensable para tu éxito.

Minimización y Reversión de Riesgos

Es fácil olvidar que cada vez que le pedimos a un desconocido que gaste su dinero con nosotros, está inevitablemente asumiendo un riesgo. Podrías tener la certeza de que lo que estás ofreciendo es la respuesta a las peticiones de tu cliente, pero él no. No tiene el mismo nivel de familiaridad porque es probable que sea la primera vez que escucha tu argumento de ventas. Por eso, nunca puedes estar 100% seguro de que lo que ofreces es realmente la mejor solución para alguien más, porque no vives su vida. No evalúas las cosas de la misma forma que él lo hace, y no conoces la magnitud de su problema. Solo puedes presuponer educadamente su manera de ver el mundo con base en la información que deciden presentarte.

Por esa razón, debes estar dispuesto a asumir la incertidumbre inherente a la elección desde sus manos a las tuyas. Esto sucede comúnmente en los formatos de garantías, las políticas de retorno, o las previsiones de trabajo que ya han sido entregadas. Esto tranquiliza a los compradores potenciales, porque les da el incentivo del vendedor, de estar muy seguro de que lo que promociona realmente le entregará los resultados que dice, y es realmente la mejor opción para su situación específica.

Existe el peligro de hacer promesas muy difíciles de cumplir, y los compradores sin escrúpulos pueden sacar ventaja si eres muy generoso en lo que dices. Al contrario de la creencia popular, el cliente no siempre tiene la razón. La decisión de comprar algo es un acuerdo contractual entre el comprador y el vendedor, y cada uno tiene promesas que están obligados a cumplir. Si un comprador hace demandas irracionales sobre tu producto que nunca acordaste, no estás equivocado al aferrarte a lo que piensas, y respetuosamente informarle de que está equivocado.

Dicho esto, muchas grandes marcas se echarían para atrás para apaciguar a clientes que incluso estén claramente en un error moral, porque es mejor para su imagen pública. Determinar lo lejos que estás dispuesto a llegar para detener a personas irracionales de quejarse, es una política donde debes ser muy sabio al practicarla, y a la que necesitas aferrarte a lo largo de la vida de tu compañía. Es una parte importante de la personalidad de tu marca. ¿Vas a ser la compañía que trabaja muy duro para hacer a todo el mundo feliz, o vas a ser severo y aferrarte a tus ideas cuando sabes que tienes la razón?

Siempre que presentes tu oferta a alguien, deja claro que estás dispuesto a hacer un esfuerzo razonable para asegurar su satisfacción, incluso mucho después de que la venta haya sido completada. Esa es la forma de convertir compras impulsivas en relaciones a largo plazo con tu marca. Esto hace que el valor de la vida de un cliente sea sustancialmente mayor, ya que estarán dispuestos a volver a ti meses y años después para adquirir más soluciones relacionadas a sus problemas. También será más probable que te promuevan de boca en boca dentro de tu grupo demográfico objetivo.

Cuando puedas dominar estos principios y aplicarlos a todos tus esfuerzos de venta, obtendrás más clientes y clientes más felices. Obtendrás clientes que vuelvan a ti a menudo, y traerán a sus amigos porque hiciste algo por ellos que nadie más había hecho antes.

[CAPÍTULO 10]

Cómo Hablar con Claridad, Autoridad y Autenticidad

Cada emprendedor, aspire o no a ser un orador público profesional, un vendedor, o cualquier otra clase de presentador, debe aprender por lo menos los fundamentos mínimos de la palabra hablada. ¿Por qué? Porque hablar y escribir son las formas principales con las que comunicamos valor e instrucciones a otras personas.

Cuando hablas a los miembros de tu equipo, existe gran variedad de tipos de impacto que puedes causarles, dependiendo de lo bien que les comuniques sus roles, o cuando intentes motivarlos, o construir una cultura de compañía más potente. Cuando buscas socios y otras relaciones de negocio a negocio, encontrarás que la disposición que tengan otros profesionales para trabajar contigo se verá fuertemente afectada por la forma en que se sienten cuando hablan contigo, y lo conciso que seas cuando presentes la información durante la conversación.

A lo mejor ya estás pensando que solo contratarías a un vendedor para que sea la imagen y la voz de tu compañía, cuando una presencia humana real es necesaria para dejar buena impresión en vivo, o para llamar en frío a compradores potenciales, o hacer una presentación. Incluso si externalizar marketing y ventas es la mejor decisión final para tu empresa, existen otros muchos beneficios por entender cómo comunicarte como individuo y como el visionario que hay detrás de tu compañía.

Ya cubrimos los principios de ser un buen vendedor en el **Capítulo 9: Cómo Vender lo que Eres** y hablaremos más sobre los matices de comunicación con otros negocios en el **Capítulo 12: Cómo Educar a tu Público**. Pero me gustaría tomar un momento para focalizarme en el acto de hablar como tal, para que así estés preparado para usarlo en cualquier contexto.

Estas son técnicas fáciles que he aprendido de primera mano gracias a muchos años de haberme comunicado lenta y claramente cuando explicaba conceptos difíciles a los niños pequeños, o ayudaba a incontables foráneos a aprender a usar el inglés como un hablante nativo, así como también haciendo presentaciones de venta y consultas privadas para servicios de alto valor.

Lo que dices no debe ser decidido arbitrariamente. Para que una comunicación eficiente ocurra, todo lo que dices debe tener un punto. Hay una frase a la que soy muy aficionado que dice que "en toda conversación, alguien está siendo vendido." Eso no significa tomarlo de manera literal en el sentido que cada oración que salga de tu boca debe tener como propósito vender un producto, sino que lo que comunicas a otro ser humano tiene de hecho la intención no mencionada de afectar a sus pensamientos de alguna manera.

¿Sabes cuál es el punto de la conversación antes de abrir la boca? Si no lo sabes, existe una alta probabilidad de que pierdas el rumbo a medida que avanzas, confundiendo a tu público o diluyendo tu mensaje. De una forma u otra, tu misión es cambiar el comportamiento de otra persona cuando le hablas.

La Comunicación Más Allá de las Palabras

Como cualquiera que haya viajado a un país extranjero sin conocer el idioma te diría: hay muchas más formas de comunicación que sólo a través de palabras habladas. Durante los últimos 10 años, me las he arreglado para viajar alrededor de casi todo el mundo, a pesar de solo hablar inglés y español conversacional.

La razón por la cual incluso es posible funcionar en una sociedad donde las palabras no tienen significado, es porque están sucediendo muchas cosas más. Las emociones son fáciles de transmitir al sonreír o hablar dulcemente, o por el contrario, frunciendo el entrecejo y gritando. Los conceptos universales como el tamaño de los objetos, la cantidad de cosas, o el deseo de tomar cerveza pueden ser todos comunicados bastante efectivamente mediante gestos con las manos y simples gruñidos.

Trabajando como profesor extranjero de inglés, animé a mis estudiantes más tímidos a gesticular tanto como fuese posible, en el momento de utilizar las pocas palabras anglosajonas que conocían. Quería que vieran que una comunicación mejor era posible, haciendo bien cosas muy simples, en vez de tratar de memorizar el idioma inglés tanto como fuera posible. Al ser acostumbrados a las formas básicas de usar su nuevo inglés desde el primer día, tenían acceso a un rango mucho más grande de posibilidades de comunicación, las cuales no dependían de contar con un gran vocabulario.

Aprendían a comunicarse sin dudar ni tener miedo, a combinar la expresividad intuitiva de todo el cuerpo con cualquier vocabulario que tuvieran a su disposición. Los resultados estaban lejos de ser perfectos, pero de repente se sentían capaces de transmitir lo que realmente era importante.

ESTILO CONTRA SUBSTANCIA AL HABLAR

La impresión general que transmites cada vez que abres la boca es determinada tanto por el contenido como por el estilo de lo que dices. El estilo influye mucho al crear una comunicación verbal convincente. La información más aburrida del mundo puede despertar interés y curiosidad si es expresada de la manera adecuada. Por eso los actores de voz hacen tanto dinero. A menudo su trabajo es descubrir cómo poner el énfasis pertinente en una serie de palabras, hacer pausas en los momentos precisos, y crear la respuesta emocional deseada en un discurso, una historia o un anuncio publicitario.

Por el contrario, los temas más interesantes o importantes del mundo serían totalmente ignorados si fuesen comunicados con un tono de voz y estilo de discurso monótono, indeciso, o molesto. Las personas somos criaturas emocionales, y respondemos intuitivamente a lo que se aferra audazmente a nuestros sentidos. Solo después de estar comprometidos emocionalmente, es cuando nos detenemos a procesar el contenido intelectual de lo que estamos oyendo.

El estilo de hablar se vuelve aún más importante al teléfono o a través de aplicaciones de video llamadas como Skype. La persona a la que le estás hablando tiene muy poca información sobre ti para acumular, excepto a través de la forma en que te presentas vía voz, y en menor medida del lenguaje facial y corporal. Una buena llamada telefónica puede hacer maravillas por ti, especialmente si creando la presentación que deseas tu apariencia física no es tan efectiva.

Sonar convincente cuando haces exclamaciones atrevidas es crucial para hacer que otros confíen en ti. Si dominas esto puedes hacer que personas desconocidas estén listas y dispuestas a gastar cientos y miles de dólares en cuestión de minutos, después de hablar contigo por primera vez. Es de esperar que para una persona sincera sea difícil hablar con franqueza y convicción.

Por eso nuestra intuición a menudo nos alerta cuando alguien está mintiendo o adornando los hechos. Su forma de hablar cambia inconscientemente de maneras muy sutiles y podemos detectar que algo sucede. Esta es también otra razón por la que algunos actores están tan bien pagados y adquieren el estatus de celebridad. Pueden hacernos creer cualquier cosa que les demande el guión, porque pueden alterar la emoción de manera precisa detrás de su puesta en escena.

Además de la convicción en general, ¿sabes también qué tipo de emociones quieres asociar con tu marca? Este es uno de los elementos fundamentales del perfil de personalidad de tu marca, y se debe reflejar en tu manera de hablar.

Lenguaje Corporal

Muchos estudios han arrojado estadísticas sorprendentes sobre cómo dirigirse a un público. Algunos expertos afirman que el 55% de la comunicación se da a través del lenguaje corporal, el 38% por medio del tono de voz, y sólo el 7% restante a través del contenido real de tu mensaje. Estén o no en lo cierto, una verdad innegable es que una enorme cantidad de lo que otros perciben de tu identidad y del mensaje que intentas transmitir, es determinada por la forma en que usas tu cuerpo y no sólo por la forma en que usas tu voz.

No dejes que esas cifras te lleven a asumir que el mensaje hablado de alguna forma no tiene importancia. Ese 7% sigue siendo crucial, y es la razón por la cual estás parado frente otra persona en primer lugar. En virtud de hacer llegar efectivamente el mensaje contenido en ese 7%, necesitas que el otro 93% lo soporte e intensifique. Tu público necesita recibirte tanto a niveles implícitos como explícitos para poder evitar incongruencias narrativas en su percepción sobre ti. El desfase entre lo que está explícitamente dicho e implícitamente percibido, es a menudo lo que nos hace desconfiar de los demás, incluso si no entendemos completamente por qué.

Sin importar a quien le estés hablando, tu lenguaje corporal debe ser natural, no forzado. Es difícil de describir, porque lo que nace naturalmente varía de persona en persona. La meta es mostrarte cómodo con tu público, ya que esto es lo que crea confianza y convicción en lo que estás diciendo. Si te sientes más cómodo poniendo tus manos en los bolsillos, esa es una alternativa mejor que hacer gestos incómodos, o a dejarlas colgadas incómodamente hacia los lados porque leíste en alguna parte que eso le hace bien a tu lenguaje corporal. El tema que sin duda más se ha repetido a lo largo de este libro por ahora, es conocerse bien y enmarcar tus acciones adecuadamente.

Si te estás dirigiendo a un grupo grande, tu lenguaje corporal no debe exagerar los gestos que usarías en una discusión uno a uno. Usa el contacto visual con tantas personas como sea posible en el salón y con miembros de la audiencia situados en todas las áreas. No te enfoques en una persona o en un solo lugar. La harías sentir incomoda, y todas las demás se sentirían olvidadas. Si el formato lo permite, muévete alrededor del escenario: esto te pone en contacto con más audiencia, y mientras no exageres, es visualmente más estimulante para quienes te observan.

Tu tono y tu lenguaje corporal son dos cosas que pueden ser enseñadas, y el aprendizaje ocurre a medida que te sientes más seguro y confiado al usar las técnicas mencionadas anteriormente. Como con cualquier cosa nueva, aprenderás rápido poniendo estos hábitos en práctica desde ahora, incluso aunque no lo hagas a la perfección.

Engancha con tu Audiencia

El éxito de cualquier forma de comunicación depende del compromiso del público. La gente debe estar prestándote atención y debe estar interesada en lo que vas a decir después. Tienes que estimular su curiosidad natural y activar las emociones adecuadas. Puede resultar más fácil decirlo que hacerlo, pero existen ciertas técnicas fáciles de aplicar, que lo hacen relativamente simple de lograr.

Hazlo personal. Una de las ventajas de transmitir tu mensaje de manera verbal, en oposición a lo que sería a través de palabras escritas, es que te da la oportunidad de conectar o de comprometerte con tu público, de una manera que es imposible con correos electrónicos, folletos, y otros escritos de ventas. Tienes que sacar ventaja de esto y usarlo. Además de tu lenguaje corporal y tu tono de voz, una buena manera de hacerlo es llevar el mensaje a un nivel emocional y personal con cualquiera a quien te dirijas.

Para las personas con una mentalidad técnica, resulta muy tentador presentar con términos técnicos lo que están diciendo, y quedarse en el reino de lo teórico. Usar anécdotas, ejemplos que te hayan ocurrido a ti o a tus socios o amigos, y contárselos de una manera que evoque emoción, es una forma increíblemente poderosa de lograr que el público vea las cosas desde tu perspectiva, y visualicen de qué forma aplicar lo que les estás diciendo en sus propias vidas.

Las emociones que tocas pueden ser las que sean mientras sirvan a tu propósito de comunicar. Por ejemplo, tristeza, alegría, triunfo, frustración, diversión, ira, o cualquier otra que logre que tu público conecte contigo, o que sea incentivada para llegar a una determinada conclusión. Abrirte emocionalmente es una manera muy enérgica de que la gente te oiga primero, y luego se ponga de tu parte. Una vez que te los hayas metido en el bolsillo, la mitad de la batalla está ganada.

Empieza con una explosión. Como en cualquier interacción social, la primera impresión es crucial. Muchas personas se forjan una opinión sobre ti en los primeros pocos minutos de haberte conocido. Por eso la forma en que inicias tus conversaciones y presentaciones es una de las partes más importantes de todo este proceso. Si desde el principio pierdes al público, es muy poco probable que puedas ganártelos a partir de ahí, sin importar lo convincente que sea tu argumento.

El uso de anécdotas emocionales es una buena forma de empezar. A veces, una estadística o hecho relevante referente a lo que estás hablando, altamente informativo y que sea poco probable que alguien ya conozca, funciona perfectamente. Si estás vendiendo datos o análisis, entonces es bastante sencillo. Cualquiera que sea el tópico o la razón para tu charla, un poco de indagación proporciona pequeñas cosas que hacen que tu público se sitúe y preste atención a nivel intelectual y emocional. Automáticamente ganarías su respeto, y desde entonces serías visto como un experto en tu campo (o al menos como alguien que tiene algo que ofrecer).

Uniendo todas estas cosas y combinándolas con tu propio estilo y personalidad (algo que nunca debes destruir aunque cambies tu enfoque), te convertirías en un orador convincente. Mientras más convincente te vuelvas, más capaz serás de improvisar, y todo lo mencionado en este capítulo, pasará a segundo plano. No sólo podrás ofrecer presentaciones geniales una y otra vez, sino que también podrás disfrutarlas y desearlas.

[CAPÍTULO 11]

Cómo Mostrar tu Personaje a Través de la Escritura

La escritura se ha convertido en la forma más prevalente de comunicación en la era de Internet. Al igual que al hablar, tu *estilo* de escritura es a menudo más importante que lo que escribes. La ortografía, gramática, puntuación y léxico contribuyen a la forma en que las personas interpretan lo que escribes. Esto no quiere decir que tienes que "salirte de madre" para usar un lenguaje innecesariamente complejo, o convertirte en un maestro de la gramática. Significa que debes dar importancia y prestar atención en cada detalle de lo que haces.

Una escritura efectiva significa desarrollar todo el mensaje tan pronto como sea posible sin desperdiciar palabras y sin sacrificar la manera en que te muestras.

Los dos pecados principales de la mala escritura son polos opuestos:

- Hacer algo muy largo y complejo.
- Hacerlo muy corto y demasiado simple.

La comunicación escrita perfecta es la que le dice a tu público exactamente quién eres, por qué le estás hablando, por qué les debe importar y qué quieres que hagan después. Esto es así cuando solicitas un empleo, buscas negocios, o casi con cualquier cosa. Lo último que desearías es iniciar una conversación con un desconocido con una declaración abierta y ambigua, o bombardearlos con detalles que nunca han pedido.

PERFECCIONA TU VOZ ESCRITA

La voz es algo que está más asociado con la escritura de ficción, pero es igual de crucial cuando escribes para negocios. Puesto de forma más sencilla, la voz es el estilo (o la personalidad, si así lo quieres) de lo que se escribe. No describe mucho lo escrito, sino la manera en que se presenta. Es importante en la escritura sobre negocios por dos razones.

Lo primero del todo, necesita ser consistente con cada pedazo de comunicación escrita y no escrita que representa tu compañía y tu marca. Si tu sitio web usa diálogos, imágenes e ideas cortas y rápidas, esto debe llevarse a cabo a través de cualquier anuncio, relaciones públicas, folleto de ventas y cualquier otra cosa. De otro modo, tu mensaje terminará pareciendo confuso. Puede ser un problema si más de una persona redacta para tu compañía, o tienes distintos departamentos, personas, o agencias trabajando en áreas diferentes. Si este es el caso, es crucial que todos sean conscientes de la voz de la compañía antes de empezar.

Este es un síntoma de un problema más grande conocido colectivamente como "incongruencia en la narrativa", lo que falla en cubrir las expectativas dispuestas por el personaje o personalidad general de tu marca. Esto es abordado con más detalle en el **Capítulo 7: Crea tu Perfil de Personalidad.**

En segunda instancia, la voz tiene que relacionarse con tu público, lo que me lleva a la siguiente técnica: sé siempre consciente de quién es tu público.

Si antes de nada no conoces a tu público y escribes con ellos en mente, todo lo demás es una pérdida de tiempo. Tu público es la gente que realmente leerá las palabras que hayas escrito, y esta gente debe ser metódicamente definida, entendiendo quién está más cualificado para comprar tu producto, y recibir más beneficios del valor especifico que ofrece. Ver el **Capítulo 8: Conoce a Tu Audiencia.**

Antes de escribir nada, empieza haciéndote estas tres preguntas:
1. ¿Quién leerá esto?
2. ¿Dónde lo leerán?
3. ¿Por qué lo estoy escribiendo?

Tomando estas preguntas en orden, necesitas saber a qué tipos de personas está dirigido tu texto. Si estás escribiendo para directores ejecutivos o altos directivos, debes usar un lenguaje y estilo diferentes al que si estuvieras escribiendo para el equipo de ventas. De igual modo, si está dirigido a expertos en la industria, debe ser completamente distinto al que está escrito para el hombre de la calle. Cuanto mejor entiendas quiénes son, cómo viven sus vidas y lo que les importa, más fácil será para ti escribir de forma que se comprometan con sus intereses, y se motiven para tomar acciones que les conduzcan a relacionarse con tu marca.

Si se trata de un artículo en una revista de marketing, la gente habrá hecho un esfuerzo determinado para llegar a entender tu estilo mucho más rápido. En el mundo *on line*, hay docenas de medios distintos con diferentes experiencias de usuario para sus lectores. La forma en la que las personas usan habitualmente Facebook, es distinta a como leen publicaciones de blogs o responden a la publicidad. Si no entiendes el medio, posiblemente no puedas entender la forma en que la gente los interpreta. Es mejor empezar con los medios escritos que ya te son familiares, y los sitios donde ya pasas tiempo leyendo.

Cuando entiendes con claridad por qué estás escribiendo, tu mente se enfoca en los resultados que se pretenden. ¿Qué esperas que suceda cuando las personas terminen de leer tu fragmento? Si es una llamada a tomar acción y esperas que levanten el teléfono, o hagan clic en un enlace, todo en tu escrito debe conducir al lector a eso. Si no sabes por qué estás escribiendo, puedes estar bastante seguro de que tu público tampoco lo sabrá. Sé claro y conciso en tu inicio y entiende cómo esperas que los nuevos lectores comiencen su relación con tu marca.

La Estructura y el Ritmo en la Escritura

Cuando te propongas escribir algo, particularmente artículos largos o textos para tu folleto, sitio web u otro material escrito, es esencial que tengas una estructura definida. Esto nos retrotrae a nuestro párrafo anterior respecto a conocer cuáles son tus metas y cuál es tu audiencia, pero lo lleva aún más allá. Los grandes libros necesitan un inicio, un desarrollo y un final. Esto se aplica de la misma manera cuando escribes por negocios, o cualquier forma de literatura no novelesca. Las narrativas le dan a nuestro cerebro un marco de referencia con el cual interpretar nueva información más efectivamente.

Otra forma de ver esto y que puede tener más sentido en este contexto, es que cada escrito debe tener una introducción, el cuerpo principal del texto y luego una conclusión. No tienen que estar etiquetados, pero si cuando escribes tienes esta estructura en tu mente, te ayudará a darle a tu trabajo un significado más claramente definido.

1. La introducción

Una introducción a cualquier cosa te da la oportunidad de explicar por qué estás escribiendo. Este libro tiene una introducción que intenta explicar brevemente la historia de fondo que conduce a su creación, así como una visión general de qué tipo de persona se beneficiaría más leyéndolo y de qué maneras serían diferentes sus vidas como resultado de atravesar las 65,000 palabras del contenido. Esto permite a los lectores potenciales a calificarse o descalificarse y a generar suficiente interés para dar comienzo a "un largo camino por delante".

Tu introducción le dirá al lector qué obtendrá de leer los dos, cinco, diez o más párrafos. Una buena forma de hacerlo es introduciendo un problema que el lector haya experimentado, el mismo problema al que tu pieza de escritura se dirigirá. Esto tiene el doble propósito de no sólo dejar que el lector sepa de qué va el artículo, sino que también despierte su interés.

Ten cuidado de no entrar en muchos detalles en esta etapa. Esto es solo para abrir el apetito de tu público. Tienes un problema identificado, una necesidad del lector. Menciona los efectos a largo plazo que este problema tendrá, y de los que el lector posiblemente no haya sido siquiera consciente. Haz todo lo que puedas para evocar los puntos problemáticos más importantes asociados al problema y las consecuencias que vendrían en caso de ignorar la solución que estás a punto de darles. Muy a menudo, cuando nos enfrentamos al mismo problema recurrente por un largo período de tiempo, nos volvemos insensibles al dolor hasta que alguien nos recuerda que no tiene por qué ser así. Si has configurado correctamente tu introducción, tu lector estará motivado para seguir leyendo y ver cómo puede resolver su problema.

2. El cuerpo principal

El cuerpo principal de la pieza es donde expones tu opinión: la razón por la que escribes el artículo en primer lugar. Es aquí donde colocas las soluciones al problema definido en la introducción. Esta sección principal constituye la mayor parte de toda la redacción, y debe ser todo lo que la introducción promete que será. Es la oportunidad de profundizar en las promesas que estableciste en tu introducción, educar a tu público sobre algo muy valioso y finalmente, vender tu negocio motivando a tus lectores a que le den importancia a lo que eres y ofreces.

Las ventas ocurren cuando las personas se sienten comprometidas con quién eres y lo que haces. La única forma auténtica de crear esa reacción natural es hablando sobre algo en lo que las personas ya estén interesadas. Cuando puedes conectar tu identidad y tus acciones con un interés real, puedes tomar prestada la fuerza de la influencia que ya está presente en sus mentes para que les impulse a aprender y tomar acción. "La cerveza oficial de la NFL" atrae tanto a los consumidores de cerveza como a los fanáticos del fútbol americano. Es la reputación instantánea a través de la asociación.

Si has hecho un buen trabajo al tocar los problemas actuales y los deseos de tu audiencia, no debería ser muy complicado conectarlos con tu identidad de marca, o con un producto específico que estés ofreciendo. Se interesarán por quién eres, porque te has asociado positivamente con algo que, en parte, define lo que son. Utiliza este espacio para crear esa asociación, y construir un puente en la mente de tus lectores entre lo que tienen y lo que quieren. Tú eres ese puente.

3. La conclusión

Cuando hayas presentado un problema de forma exitosa y hayas llegado a proporcionar una solución valiosa a ese problema, la conclusión es tu oportunidad para cerrar con broche de oro, dejando al lector sin ninguna duda con respecto al valor de lo que acaba de leer. La forma más sencilla de hacerlo es volviendo al problema original que dio inicio al escrito, para luego recordarles cómo tu solución rectifica este problema. Finaliza detallando los beneficios que experimentarán al resolver este problema de una manera específica e irresistible, que ninguna otra solución ofrece actualmente.

Un fenómeno común en las ventas y el marketing es el concepto de campaña de ventas de ascensor. Una campaña de ventas de ascensor es un escrito corto sobre tu compañía o tu producto, diseñado para transmitir suficiente información en 30 segundos (el tiempo aproximado que compartirías en un ascensor con un desconocido) para hacerles querer conocer más, y tomar acciones de seguimiento específicas. La conclusión de tu escrito puede funcionar de manera muy similar a una campaña de ventas de ascensor. En un corto período, puedes resumir el problema original y la solución única que tu producto o compañía proporciona.

El final de un escrito es también donde es más probable que encuentres "llamadas a la acción" explícitas. Es donde directamente pides u ordenas al lector que haga algo muy determinado que hasta ahora solo ha sido insinuado o sugerido por el resto del contenido. En algunas copias de formatos de ventas, verás muchas repeticiones de una llamada a la acción salpicada a lo largo de la página, para dar a los lectores muchas oportunidades de tomar una decisión. Para obtener los mejores resultados posibles, debes ser muy específico en lo que esperas que el lector haga, como resultado del cambio de conciencia que haya experimentado al leer todo lo anterior.

¿Esperas que el lector haga una decisión de compra y adquiera el producto desde tu sistema de carrito de compra en ese momento y en ese lugar? ¿Quieres que te dé su correo electrónico para que se una a tu lista de correos? ¿Quieres que levante el teléfono y te llame, o que vaya a un evento en un lugar y momento especifico? A lo mejor solo quieres que visiten tu sitio web.

Conforme vas avanzando hacia el final de este libro, verás que mi llamada a la acción es que vayas a mi sitio web (www.gregorydiehl.net), donde me puedes contactar, ver otros libros míos o entrar en el curso avanzado basado en el contenido de este libro.

¿Ves cómo sutilmente colé mi llamada a la acción en el medio de mi contenido escrito?

El Formato (la Vestimenta de tu Escritura)

Un texto necesita aparecer de manera atractiva, al mismo tiempo que debe ser lo suficientemente informativo y entretenido para captar la atención de los lectores (o lectores potenciales) de manera rápida. La escritura atractiva necesita ser presentada de tal manera que sea fácil de asimilar.

Esto por supuesto varía ampliamente de acuerdo al público involucrado y el propósito de la escritura. Cualquier cosa dirigida a las masas usualmente es "muy simple", para ser atractiva para tantas personas como sea posible a expensas de la profundidad. Los periódicos y revistas son a menudo diseñados para ser escritos a un nivel de lectura de grado once, y así no excluir a nadie ni hacer que sea difícil moverse a través de un artículo.

Una de mis propias luchas como escritor, ha sido presentarme extremadamente rápido, usualmente con flujos de pensamiento de larga duración y esotéricos, de un modo que atraiga y eduque a mis lectores, sin perder la esencia que contienen en su forma original en mi cerebro. El público objetivo de este libro es gente que no se sienta abrumada por un examen profundo de los principios que hacen o no funcionar a su negocio. No tienes que ser un genio o un fanático de la mercadotecnia. Solo tienes que desear aprender a retar a tus presuposiciones de una forma muy directa y estructurada.

De hecho, el tono que adquiero con las personas que trabajo es una parte crucial de mi propia Propuesta Única de Ventas y personalidad de marca, tanto como entrenador como educador. Ciertamente esto no es lo que todos buscan, pero para el tipo de persona adecuado es irremplazablemente valioso. Hecho correctamente, tu estilo de escritura debe dirigirse primeramente a que la gente llegue a conocer a tu personaje emocional de igual manera que el valor práctico que ofreces.

La sobrecarga de información también afecta a la forma en que digerimos la información y dónde elegimos enfocar nuestra atención. En los años recientes, hemos cambiado dramáticamente la manera de ver y asimilar la información. La llegada de Internet (ahora obtenemos mucha más información vía web que desde métodos tradicionales) ha hecho mucho más fácil que las personas pasen por alto o incluso descarten, cualquier pieza escrita que no les haga captar la información que necesitan de la manera más fácil posible.

Un gran bloque de texto parece intimidante y fuera de lugar, y sólo alguien que haya buscado tu pieza activamente estaría lo suficientemente comprometido como para continuar. El formato cuenta mucho para lograr que alguien se siente, y preste atención a tus palabras el tiempo suficiente para recorrer todo el camino. Eso incluye cosas como la selección del tipo de letra, el énfasis a través de letras en negrita y cursiva, listas enumeradas, viñetas, y la longitud de las frases o párrafos.

Piensa en esos tipos de formato como la vestimenta de tu escritura. Independientemente del contenido de su personaje, habilidad, o destrezas, un hombre bien arreglado con un buen traje exige mucho más respeto que su equivalente con pantalones tejanos holgados y cabello descuidado. A menos, por supuesto, que haya hecho de esos elementos normalmente desagradables, una parte de su identidad de marca, como muchos escritores han hecho con su estilo no convencional (piensa en *On the Road*, de Jack Kerouac).

La escritura hecha con la intención de explicar un punto de vista debe ser dividida en varios párrafos cortos. Las viñetas son también una buena manera de dividir un texto. Al mismo tiempo que lo hacen más accesible y atractivo, consiguen que sea más fácil para alguien poder pasar la mirada sobre la información para ver si vale la pena invertir más tiempo en tu texto. Normalmente, cuando alguien se enfrenta con una página de texto, leen el título, las primeras líneas y luego ojean el resto de la pieza. Si lo consideran digno de su tiempo, entonces lo leen desde el principio. Por eso es esencial tener una apertura impactante.

El uso de títulos para denotar que hay sub secciones es una buena forma de dividir el texto, así como de dirigir los ojos del lector a los lugares donde puede ser encontrada la información relevante. Ser capaz de organizar enormes cantidades de información es la mitad de la batalla. Tomando el ejemplo de introducción, desarrollo, y conclusión detallado anteriormente, un buen título para la introducción sería el problema que estarías tratando de re-solver.

Ejemplo: *"El café instantáneo debe saber tan bien como el café real"* (una importante queja personal).

Esto es algo que todos en tu audiencia reconocerían. Va directo al grano, y sin ningún preámbulo, el lector sabrá de qué se trata el artículo y si vale la pena o no destinar su tiempo a leerlo. Puede predecir que los siguientes párrafos explican cómo y por qué el sabor del café instantáneo convencional es terrible comparado con una taza de café preparado, rico y amargo. Asentirán concordando que ya lo han aceptado como algo inevitable sin margen de mejora.

Una vez que el lector se encuentra en ese estado mental, estará muy abierto a probar una nueva marca de café instantáneo que promete igualar o exceder el sabor del café preparado. Si un producto de este tipo estuviera en el mercado con la habilidad perfecta de contar las historias que tiene detrás, te prometo que sería un éxito de la noche a la mañana.

El título para el cuerpo principal de la escritura podría ser una buena manera de presentar tu producto o servicio, mientras que el título de la conclusión sería el principal beneficio obtenido por usar el producto en el segundo título, para dar solución al problema del primero. Podría ser también la llamada a la acción como tal, como *"Agrega nuestro café instantáneo a tu rutina diaria y vive la diferencia."*

Finalmente, una manera muy poderosa de transmitir tu argumento es usando ejemplos de la vida real. No tienes que mencionar nombres específicos, sino más bien relatar el problema inicial. La solución que puedes proporcionar, y luego las estadísticas y hechos concretos de los resultados obtenidos, hacen que parezca aún más real. Esto se eleva en la mente del lector desde una teoría de encerado, hasta algo tangible que el consumidor y el consumidor potencial puedan visualizar aplicándolo sobre ellos mismos.

¿Sigues confundido? Cada directriz presentada aquí tiene su momento y lugar apropiados para ser puesta en práctica. Tienen como finalidad funcionar bien para la *mayoría* de las personas la *mayor parte* del tiempo. Existen excepciones, y sólo a través de la experimentación y el conocimiento, tanto de ti mismo como de tu mercado, podrás encontrar una combinación única de los distintos trucos de escritura que te funcionen óptimamente. La regla principal y más importante para cada faceta de la identidad de marca es conocerte a ti mismo.

[CAPÍTULO 12]

Cómo Educar a tu Audiencia

Cuanto mayor es el significado que hay detrás de tu negocio, más difícil se hace comunicárselo al mundo. Una idea compleja o una ideología profunda no pueden ser dadas a conocer a las masas de la misma manera que puede hacerlo una modelo sexy comiendo una hamburguesa con queso. Puedes publicar afirmaciones positivas sobre un fondo de gatito todo el día en tu cuenta de Twitter, pero ¿qué estás logrando realmente para tu negocio al hacerlo? La mayoría de los emprendedores que adoptan este enfoque lo hacen porque necesitan sentir que están haciendo algo, y no saben qué otro camino tomar.

La mercadotecnia educativa consiste en una aproximación de mucho contacto, para así lograr la permanencia del público. Producir un contenido muy denso en valor informativo, y que por sí mismo proporciona con pruebas a los lectores, los conceptos existentes detrás de tu negocio. Esto nos lleva a la mercadotecnia del mundo real, lejos de las imágenes de dibujos animados de las campañas publicitarias más populares. La mercadotecnia educativa es la forma en la que los negocios reales muestran lo que pueden ofrecer al mundo.

La forma de convertir tu negocio en un contenido educativo convincente no siempre es inmediatamente obvia. Se requiere de atención experta para descubrir qué es lo que más le interesa aprender a tu público, y gradualmente crear la voz a través de la cual entregar esta información apremiante. Enseñar es por sí sola una habilidad que debe ser aprendida a través de la atención y la repetición, independientemente de lo bien que entiendas tu tema o habilidad técnica en cualquier dominio. Dándole un nuevo giro a un viejo dicho, "Quienes hacen, no necesariamente pueden enseñar".

Educar consiste en explicar conceptos difíciles en términos simples. El poder de la mercadotecnia educativa para llamar la atención viral generalizada en un grupo específico de público potencial es enorme. Para ciertos tipos de negocio, es casi el único tipo de mercadotecnia que tiene alguna influencia real en el número de clientes pagadores que acumulas con cada nueva implementación. Llamar la atención de alguien con contenido superficial, no es suficiente para cerrar ventas en una empresa de gama alta, o altamente específica. Y necesitas ser lo suficientemente audaz como para pensar en términos más maduros que el 99% de los otros que están ahí afuera, peleando por la atención del mercado.

No importa en qué componentes físicos consista tu negocio, siempre habrá espacio para seguir creciendo a través de la educación. Más importante aún, la educación es infinitamente escalable y no se ve afectada por las restricciones físicas de producción y distribución, si se hace uso de los métodos educativos digitales.

El modelo de las Tácticas de Venta Coercitiva de la Vieja Escuela

El método de ventas de la vieja escuela se basa en identificar un punto específico de placer o dolor en la vida de un público objetivo, y alborotarlo hasta el extremo. Si tu objetivo es un hombre de unos veinte años en busca de una novia, el enfoque más efectivo sería coger la infelicidad inicial que siente por estar soltero, y exacerbar ese sentimiento hasta que lo vea como un miedo abrumador por estar solo el resto de su vida, y que sus compañeros le miren por encima del hombro por ser un perdedor.

Todos hemos visto las simulaciones sumamente dramáticas destacadas en los anuncios comerciales, donde los actores representan personas ordinarias con problemas menores, que de repente le arruinan la vida por completo. ¿No puedes usar una manta sin perder el uso de tus brazos? ¡Dios mío! Existe un producto para eso. ¿No puedes preparar un simple plato sin cubrir por completo la cocina de comida? Apuesto a que existe un producto para eso.

En el otro extremo del espectro, el vendedor de la vieja escuela quiere que creas que tu vida será eternamente maravillosa, mejor que como nunca antes lo habías imaginado, una vez que compres su solución. Estabas solo y no valías nada antes de comprar su sistema de citas, y ahora cada día es un estado de nirvana, en el que las mujeres se pelean por ti a diestro y siniestro en el momento de salir de tu casa. Los hombres te envidian por donde quiera que vayas. Finalmente rompiste el código de gozo ilimitado, y solo te costó pagar tres fáciles cuotas de 199.95 dólares.

El momento de la comida en familia nunca será igual cuando añadas tu novedoso artilugio de cocina 440 a tu alacena. Finalmente tendrás esa familia feliz perfecta, y te sentirás realizada como ama de casa, pero sólo si completas tu pedido en los próximos 10 minutos. ¡Date prisa, antes de que esta oferta se prohíba en internet!

Estas historias hiperbólicas son diseñadas para hacerte sentir fuertemente atraído, pero sólo por un reducido espacio de tiempo, y en ese momento tomar la decisión de gastarte una gran suma de dinero en algo que probablemente de otra manera, lo hubieras pensado dos veces. Lo último que el comerciante de la vieja escuela quiere que hagas, es analizar racionalmente si su producto merece o no un lugar significativo en tu vida, o si tanto el costo monetario asociado como la cantidad de tiempo que tengas que invertir en usarlo, justifique el resultado final para el futuro.

Estos productos no son malos del todo. La mayoría cumplen realmente lo que anuncian a través de extensas páginas de ventas. Solo son magnificados a través de determinadas licencias artísticas, y rozando el límite en el que podrían aun ser considerados reales. Buscan colocarte fuera de tu mente analítica, y mantenerte bloqueado dentro de un estado de toma de decisión. Actúa ahora, pregunta después.

Aunque estas tácticas de venta poco coherentes pueden producir ventas, su potencial es limitado. Funcionan mejor con proposiciones de valor simples, que puedan ser representadas con un estado emocional básico en cuestión de minutos o menos. Son atractivas para personas perezosas que no analizan mucho sus decisiones de compra ni la mejor manera de actuar para solucionar sus problemas. El tema no es sólo el precio, ya que productos que cuestan decenas de miles de dólares, como los automóviles, han sido vendidos usando estas tácticas emocionales de la vieja escuela. Se trata de lo elaborado y personal que sería el cambio en la vida de una persona, si eligiera comprar lo que estás vendiendo.

Mientras más sobresalgas de entre tus competidores y de las versiones "normales" de los productos que representas, más analizará un consumidor objetivo si tu oferta es o no su mejor opción como individuo. Aunque inicialmente cueste más trabajo convencerles de que se adhieran a tu lista de clientes, sin lealtades paralelas a tu marca también se convertirían en fanáticos absolutos. Si están contentos con el servicio que ofreces, no acudirán a sus mentes alternativas al tipo determinado y nivel de satisfacción que tu compañía crea.

¿Puedes pensar en cualquier producto o servicio en tu propia vida donde esto se aplique? ¿Existe una marca de chocolate que te apetece sobre todas las otras? ¿Existe un modelo de guitarra acústica de folk que crea una sinergia especial con tu estilo de tocar y tu voz, con la que ninguna otra guitarra en el mercado jamás podría compararse? ¿Tienes un peluquero favorito que entiende tu look y estilo mejor que ningún simple mortal enmascarado de profesional?

Si tienes este tipo de conexión con algún producto, servicio, o marca en tu vida, entonces ya sabes que pagarías muchas veces por encima del promedio de la industria para obtener los resultados que solo puede proporcionar tu personal favorito. Así es cómo se forman las relaciones poderosas con los clientes, y deben ser lo suficientemente fuertes para superar cualquier oleada monetaria emocional. Deben enfrentarse al más riguroso escrutinio analítico en la mente de tu comprador.

En general, cuanto más difícil te sea ganarte a un cliente, más leal permanecerá en las buenas y en las malas. Olvidarán errores menores e indiferencias. Estarán dispuestos a pagar precios más altos a causa de un valor subjetivo más alto. También darán a conocer de manera orgánica tu identidad de marca única a través del boca a boca, un método de comunicación que ningún presupuesto de marketing podría igualar jamás.

Educa a tu Audiencia

Para que un enfoque de ventas altamente personalizado funcione, tu público necesita entender lo que quiere. Parte de tu trabajo es ayudarle a descubrirlo. Ese es el elemento educativo de las ventas que ignoran muchos de los que piensan que no debes descansar hasta cerrar un trato. Creen que su trabajo es hacer que alguien tome una decisión de compra lo más rápido posible, o si no, terminar la conversación y continuar con el próximo cliente.

Existe un momento y un lugar para un sólido enfoque de venta. Éste es comúnmente más apropiado cuando un posible cliente tiene toda la información que necesita para tomar una decisión bien fundada, pero es retenido sólo por la incertidumbre emocional. Es ahí cuando poner el pie en el acelerador puede ayudar a otros a colaborar para tomar la decisión adecuada. Si no has establecido las bases de la toma de decisión bien fundada antes de ese punto, impulsar a un cliente indeciso a gastar dinero sólo te hace parecer un acosador con el único interés de aumentar tus propias ganancias a expensas de los demás.

Tu audiencia objetivo podría abordar la mentalidad del proceso de compra pensando que ya sabe lo que quiere, basándose generalmente en lo que está disponible. Tal vez otros productos genéricos le ofrecen una solución satisfactoria, por lo que han dejado de buscar algo mejor. No están activamente haciéndose las preguntas de las que tú tienes las respuestas más irresistibles. En este caso, incluso con la mejor información respaldándolas, las promesas más fuertes del mundo caerán en saco roto. ¿Cómo estimulas la curiosidad entre un grupo de personas que no piensan que tienen alguna razón para interesarse en lo que eres?

Una de estas razones por las que sobresalí como educador, incluso para niños que habían tenido gran dificultad para aprender un tema anteriormente, es porque les daba a todos mis estudiantes un motivo para interesarse en lo que les estaba tratando de enseñar. Entendía que el compromiso emocional era necesario, antes de que estuvieran dispuestos a poner el esfuerzo mental ineludible para cambiar su entendimiento sobre algo. Cambiar las ideas es un trabajo difícil, y tiende a volverse más difícil a medida que envejecemos. Solamente las personas que quieren nuevas ideas son quienes las obtienen con éxito.

Esta es la parte del proceso de ventas que el vendedor de la vieja escuela hace muy bien. Te da una razón rápida y poderosa para prestar atención a lo que van a decir después. Lo que te hará diferente es que convertirás ese compromiso en una lección irresistible sobre por qué tu audiencia no está completamente satisfecha con el dominio de la vida que proporcionas. Les ayudarás a ver que existen otras maneras de vivir, pero sólo si saben cómo hacer uso de las herramientas adecuadas y de la experiencia disponible. Sólo después de haber creado una imagen clara de cuál es el problema y las alternativas positivas potenciales, es cuando puedes considerar promocionar tu producto.

Si solamente llevas tu producto, muy pocas personas tendrán la información necesaria para ver en sus vidas el valor único y personal del mismo.

COMUNICACIÓN B2B VS. B2C

Comunicar tu nueva identidad de marca no debe limitarse sólo a los clientes. A medida que tu negocio crece, se vuelve más ventajoso estratégicamente, o hasta completamente necesario, colaborar con otros negocios e incluso inversores potenciales. Las organizaciones con las que trabajes deberían estar en el mismo mercado específico o podrían ser algo diferente, pero relacionadas de manera tangible. Incluso puede ser alguien a quien concebiste anteriormente como tu competidor más feroz. Si puedes lograr que vean el valor especifico que tu marca ofrece, existe siempre la posibilidad de una alianza mutuamente beneficiosa. Por esa misma razón debes saber cómo hablar con otros negocios.

La diferencia principal entre las interacciones B2B (negocio a negocio) y B2C (negocio a cliente) es que tus clientes quieren lo que tú propiamente produces, mientras que los aliados potenciales quieren hacer o ahorrar dinero a expensas de lo que produces. La principal preocupación de un empresario es siempre la salud de sus propios negocios. Para tener éxito con ellos un tus negociaciones, debes posicionar a tu organización como la clave para minimizar pérdidas, expandir ganancias, o por otra parte, incrementar su eficiencia.

Mientras que el público de ambos tenga un enfoque de "qué hay para mí ahí" sobre lo que ofreces (puesto que todas las personas buscan mejorar su propia felicidad continuamente), necesitas hacer grandes cambios en tu estrategia de comunicación. Los negocios están interesados en servicios y productos de calidad que favorezcan a sus clientes, mejoren su posición en la comunidad y consoliden sus resultados. Si eligen promocionar tu marca, o que la de ellos sea promocionada por la tuya, no quieren que los clientes se quejen de que tus productos no cumplen con los estándares de calidad que esperan. Necesitan sentirse convencidos de que proporcionas algo que mejora su reputación, y minimiza el estrés de dirigir un negocio.

Los negocios invierten mucho tiempo y esfuerzo en coordinar sus procesos de compra para reducir costos de tiempo y dinero.

Por eso las adquisiciones B2B se basan más en la lógica que en las emociones. Si quieres que tu artículo aparezca en los estantes de un minorista local, la persona encargada de hacer decisiones de compra debe determinar si el producto o servicio es adecuado para el negocio y para su base de clientes. No deberían tener en cuenta si tu producto les parece o no atractivo estética o emocionalmente si para apoyar la decisión contiene la información del mercado.

El marketing B2B debe informar al comprador sobre cómo puede tu producto ayudar o entretener a sus clientes. Consiste en revender un producto, pero también en revender una idea o emoción que quieran retransmitir. El conocimiento que les suministres les dará confianza en ti. La mercadotécnica B2B consiste tanto en la garantía y convicción, como en el producto. Para que otros negocios asuman tu producto, debe existir un excelente nivel de confianza.

Las cadenas de supermercados están llenas de productos de otras personas. Mientras que las más grandes tienen sus propias líneas, una gran parte de su inventario es suministrado por otros negocios. Estos negocios también negocian directamente con los clientes, pero esperan que vengan con un "intermediario" para adquirirlo: el supermercado. Los productores que suministran productos a los supermercados pueden pensar que tener sus líneas un lugar de encuentro donde la gente va de compras es una ventaja. Incluso si su producto está colocado al lado del de su competidor, aún así estaría siendo expuesto.

El hecho de no tener que configurar sus propias tiendas o mercadotecnia para clientes objetivos le ahorra a los negocios un montón de dinero. Como consumidores, pensaríamos que es extraño tener tiendas separadas para la cantidad de líneas de productos que abarcan los supermercados. ¿Puedes imaginar una tienda de papel higiénico o una tienda que solo venda leche o cepillos de dientes? Los supermercados presentan un producto a sus clientes usando gran variedad de técnicas diferentes para unos resultados máximos. Pueden disminuir los costos, crear un estante especial o poner el producto en cierto lugar donde llame más la atención.

Existe un complejo nivel de confianza aquí. Los supermercados no tienen tiempo para probar y hacer ensayos de los productos, y los proveedores tienen que confiar en que sus productos serán mostrados con la misma imparcialidad que los de los demás. De cualquier manera, el cliente es el ganador. Pueden usar su poder de compra para validar un producto y frecuentar cierta tienda.

Cuando tratas de convencer a estos intermediarios de que usen el espacio limitado de sus estantes para presentar tu línea de productos en lugar de la de un competidor, necesitas colocarte de nuevo dentro de esa misma mentalidad de ventas educativas que debes usar con tus clientes. La única diferencia son las preocupaciones que estarás manejando y el conocimiento de oportunidades desconocidas que estarás impartiendo.

Si fueras a hablar con un consumidor, te gustaría conocer los problemas a los que se esté enfrentando. Estos podrían estar relacionados con el uso del producto. Para el propietario de un negocio, manejar la forma en que dispones tus productos en ese valioso espacio, puede crear mayores ganancias a través de la repetición y la lealtad a la marca.

¿Será la única tienda de la ciudad la que tenga tu producto de gama alta, forzando a tus ya seguidores a comprar ahí si quieren solventar su problema ¿O su tienda está apostando a que algún recién llegado desconocido y no probado compita contra vendedores ya probados? Mientras mejor entiendas el modelo de negocio del minorista y su base de clientes, puedes estructurar tu propuesta de una forma más irresistible.

En ese sentido la mercadotecnia B2B es un concepto de mayor nivel que la mercadotecnia B2C. Venderle a un consumidor consiste en probar que la demanda existe y estás en posición de satisfacerla. Una cosa tiene que venir antes que la otra, al menos que estés tratando con alguien dispuesto a asumir un riesgo con un producto que no ha sido probado.

Promociones para Inversores que Atraen Alianzas y Capital

Si alguna vez te aproximas a un inversor en busca de una inyección de capital en tu incipiente negocio, se aplican las mismas reglas. Necesitas alterar tu enfoque de ventas estándar para dirigir las preocupaciones de alguien que puede arriesgar mucho dinero en tu proyecto. Una buena promoción para los inversores consiste en contar tu historia de una forma que haga que el final feliz para su inversión parezca inevitable. Tu compañía es el héroe, y estás invitando a que otros se unan a tu trayecto. Al igual que cualquier otro tipo de argumentos de venta, debe ser humilde, educativo y honesto afrontar los escollos reales antes de que se conviertan en problemas importantes.

Cuando realizas una promoción para inversores, tienes que construir una historia sólida y convincente de lo que estás vendiendo o promocionando. La calidad del producto, sus costos de producción, y sus necesidades de mercadotecnia son factores cruciales que las personas sabias consideran antes de gastar su dinero ganado con tanto sacrificio. Necesitas poder mostrar que tu marca tiene una identidad única, que se impone sobre cualquiera que ya esté disponible en tu especialidad. Los inversores deben percibir que existe un plan sólido para conectar tu singularidad, con lo que ese sector específico del mercado está buscando.

Siempre existirán áreas donde tu negocio podría tropezar o incluso caer. Esas son las trabas que debes superar preventivamente en la mente de los inversores antes que puedan ser una significativa causa de duda. Los inversores van a querer conocer cómo tu plan va a lidiar con estos impedimentos. ¿Qué herramientas y estrategias de emergencia tienes? ¿Quién se hace responsable si las cosas no marchan de acuerdo a tus predicciones? ¿Qué te respalda para evitar que los tropiezos generen un daño permanente a tu negocio?

Entonces, cuando estés lidiando con inversores, resulta una buena idea probar todas las partes y secciones de lo que estás ofreciendo. Esto no sólo te hará más convincente, sino también podrán ver que has intentado salvar todos los obstáculos o estorbos con tu poder. No hay una inversión más atractiva que un vehículo con su trayecto previamente establecido, que solamente necesita un poco de combustible para salir victorioso.

SECCIÓN IV

Estudios de Casos de Identidad de Marca

Introducción a Estudios de Casos de Identidad de Marca

Para ayudarte a entender mejor cómo los principios de una mejor identidad de marca y comunicación pueden transformar un negocio, quería darte la oportunidad de que conozcas directamente historias de cambio de las experiencias personales de otros emprendedores. Cada uno de los siguientes cinco casos involucra a individuos talentosos, con distintos antecedentes, a quienes vi desarrollarse de maneras impresionantes en el tiempo que trabajamos juntos. Me mantengo en contacto con cada uno de ellos regularmente, y siempre me siento inspirado por lo mucho que los he visto crecer desde que los conocí.

Cada estudio de caso comienza con una breve introducción por mi parte, explicando el contexto de nuestra relación de trabajo, y el lugar desde donde cada empresario inició su viaje. Ésta resalta los mayores obstáculos a los que se enfrentaron, independientemente de cuánto éxito habían logrado ya hasta ese momento.

Mariza Pavalama estaba luchando por forjarse un nombre en una industria con una reputación históricamente controvertida. Laura McGregor tenía la intención de sembrar semillas en la mente de compradores y vendedores para su próximo mercado B2B. Chris Reynolds no sabía cómo hacer que los proyectos humanitarios que organizaba en su tiempo libre fuesen lo suficientemente atractivos para asegurar su estabilidad financiera. Niedra Gabriel había estado usando la misma campaña de ventas de ascensor durante más de 30 años, y necesitaba un cambio drástico para parecer especialmente valiosa para los desconocidos. Olivier Wagner era reacio a poner su propia cara y personalidad mezclados con su previo enfoque analítico en sus expertos servicios.

Algunos sólo estaban experimentando con nuevas ideas. Otros ya habían encontrado un gran éxito financiero con sus estrategias anteriores. Pero el tema común en cada uno es que estaban fracasando en alcanzar su máximo potencial, porque no estaban aceptando completamente su identidad y su forma ideal de comunicarse.

Después de cada introducción de estudio de caso, usted oirá directamente de la misma boca de los empresarios, cómo trabajaron para superar sus problemas y lo que marcó la diferencia en su negocio. Aunque sus historias son variadas, las lecciones que aprendieron son universales. Busca la base común e identifica qué puedes aplicar en tu propia vida, ahora o en el futuro.

Si quieres ver los resultados de estas personas poniendo sus conocimientos en acción, puedes aprender más en el curso en línea de *Desarrollando la Identidad de Marca* (impartido por un servidor) en www.brandidentitybreakthrough.com/course

ESTUDIO DE CASO

#1

Renovar la Imagen Adversa de Toda una Industria

TE PRESENTAMOS A MARIZA PAVALAMA DE WORLDLY MINDSET

Mariza Pavalama, de doble nacionalidad americana y brasileña, ha ofrecido su experiencia de vivir y trabajar alrededor del mundo para que sea usada por otras personas a través de contenido educacional en línea. Ella y sus compañeros dan asistencia y consejos prácticos a personas de todos los ámbitos de la sociedad. Personas que sienten la necesidad de tener una existencia más cosmopolita, y empezar a vivir sus vidas más allá de los límites locales. Puedes conocer más sobre ella y otros como ella en www.worldlymindset.com.

Introducción

Después del lanzamiento de la primera edición de Desarrolla tu Identidad de Marca, me enteré de que uno de los emprendedores que había incluido en la sección Estudios de Casos de Identidad de Marca estaba participando en actividades que no concordaban con los principios morales de los negocios plasmados en este libro. Tuve que tomar la difícil decisión de reemplazar su estudio de caso aquí, para no crear la impresión de que avalo su comportamiento. Desde entonces he estado trabajando con otra compañía en la misma especialidad, para desarrollar una oferta de servicio al problema de la desconfianza y el fraude que domina la industria de los servicios de asesoramiento financiero estratégico global.

Cuando hablé por primera vez con Mariza Pavalama, ella estaba frustrada con el estado de las cosas en la industria en la que estaba tratando de crearse un nombre. Había hecho la transición hacia una existencia nómada global unos años antes. Entonces trabajaba ayudando a otros emprendedores expatriados a adquirir la residencia en España y otros países europeos. Estaba dispuesta a hacerlo, a pesar de la molesta burocracia y las complejas reglas, porque ella misma había empleado tiempo en investigar y en pasar por ese proceso.

La razón por la que decidió hacerlo todo por su cuenta, a pesar del hecho de que había muchos proveedores, fue porque sentía que no podía confiar en que ninguno de ellos fuera honesto, o no hicieran el trabajo de la manera apropiada. La mayoría se aproximaban muy agresivamente, solicitándole que pagara una gran suma, antes incluso de haber iniciado el proceso, negándose a compartir ningún detalle pertinente acerca de trabajar juntos antes de soltar el dinero. Los que sí compartían los detalles eran contradictorios o inexactos con respecto a los pormenores claves del proceso. Estaba preocupada porque las cosas fueran presentadas incorrectamente, o peor, que le estafaran las personas de cuya ayuda dependía para navegar en ese panorama tan confuso.

Esto fue lo que le condujo a querer cambiar las cosas para las personas que necesitan una mano amiga, y poder lidiar más fácilmente con las situaciones difíciles. Pronto descubrió que no era la única que experimentó este tipo de problemas en el momento de llevar su estilo de vida, negocio, o dinero hacia otro país. Toda la industria de "profesionales de la extranjería" estaba plagada de complejidades innecesarias, machismo y manipulación emocional. Como resultado, todo el mundo peleaba por la misma porción del pastel de un tipo de personalidad muy específica, sin mostrar en absoluto ningún respeto por la creciente conciencia en otros sectores del mercado.

En su caso, trabajamos juntos para focalizarnos en diferenciar dos áreas primarias: cómo entregaba el valor (a través de la creación de material educativo como libros, cursos, y vídeos) y quién era élla en el momento de entregarlo (su marca de personalidad). Estos aspectos de su identidad de marca fueron a la larga mucho más importantes que aparecer con un problema concreto y radicalmente diferente por resolver.

A medida que lees su historia, ten en cuenta que siempre existe más de una manera de llegar al mismo destino. Solo porque respondes a una pregunta que alguien más ya está respondiendo, no significa que no puedas encontrar una forma singularmente valiosa de presentar esa respuesta. El mercado está lleno de consumidores con una gran variedad de preferencias en cómo consumen lo que los productores ofrecen.

- ¿Dónde radican las debilidades de las marcas personales de los competidores que actualmente dominan tu especialidad? ¿Cómo puedes sobresalir aprovechando simplemente cualidades emocionales diferentes?
- ¿Qué canales de información no convencionales existen para transmitir tu mensaje único? ¿Cómo podrías mostrarte a ti y a tu marca fuera de los canales sobresaturados?
- ¿Cómo te limitas aferrándote a las convenciones actuales de tu especialidad? ¿Estos límites son inherentes al trabajo que haces? ¿O puedes abrir la industria para lograr un mayor atractivo?

Lee la Historia de Mariza Pavalama

"La idea de Worldly Mindset nació al tratar de ayudar a las personas a entender lo que significa tener un paradigma y un estilo de vida que va más allá de simplemente viajar de un lugar a otro. Cómo pueden pensar más globalmente y disfrutar de más libertad para viajar y vivir las experiencias que quieren vivir. No se trata solo de pasaportes y cuentas bancarias, sino también de mostrar a las personas posibilidades que ni siquiera saben que se estarían perdiendo.

Worldly Mindset está focalizada en la educación para ayudar a la gente a aprender lo que necesitan saber, antes de que ocurra algo que les muestre que no tienen la libertad que pensaban que poseían. Esto podría suceder de un millón de formas diferentes: problemas en una frontera internacional, no ser capaz de acceder al dinero en sus cuentas bancarias locales mientras están en el extranjero, y esa clase de cosas tan frustrantes. La gente simplemente no sabe que no está reparando en un terreno de juego global hasta que se presenta un problema. Worldly Mindset existe para educar a las personas antes de ese típico momento del "ay, no", cuando las cosas se ponen complicadas.

La mentalidad (Mindset) es el conjunto de creencias y valores que una persona tiene para interactuar con el mundo y consigo misma. Creo que no solo es reactiva, sino también muy introspectiva. Es cómo ves al mundo y cómo interactúas con éste, y también cómo te ves a ti mismo. Una mentalidad internacional (Worldly Mindset) aplica esa percepción tanto para lo que eres, como para la forma en que ves el mundo. Esto significa que te imaginas teniendo tu lugar en la narrativa más grande del mundo que te rodea, y no sólo de donde vienes."

Entrando en un Nicho Dominado por un Tipo de Personalidad y Estilo

Lo que apreciamos fue que mientras que la demanda para ayudar a mudarse, trabajar y vivir alrededor del mundo definitivamente está creciendo, la mayoría de las consultorías para esta especialidad ven al acto de obtener una cuenta bancaria o un pasaporte en otro país, como un símbolo de estatus y lujo para personas de alto *standing*. Se colocan a sí mismos en el grupo de personas que idolatran el estilo de vida del 'Agente Secreto 007'. A pesar de que eso podría funcionar muy bien para ciertos tipos de persona muy determinados, ciertamente se aleja de los demás. Como sabrás, la gente real no necesariamente encaja dentro de esa narrativa, ni tiene seis cifras o más que les coloquen los símbolos de estatus internacional.

Todo lo que hacemos se refiere a inculcar en las personas la percepción de que deberían tener más libertad y accesibilidad para vivir las experiencias que pretenden. Esto no se basa en obtener ningún símbolo de estatus simplemente por tenerlo. Se trata de permitir que las personas comunes se expresen más, que vayan a los lugares que quieran ir, que conozcan a las personas que quieran conocer y que a la larga vivan de la manera que consideren más auténtica.

Esto mismo le sucede a quienes buscan símbolo de estatus, que a menudo nos preguntan por qué alguien querría tener dos pasaportes. La respuesta más obvia es simplemente: para tener más libertad al entrar desde un país a otro, evitando cualquier problema potencial en la frontera. Tener un nuevo pasaporte que permita la entrada sin visado a un país que el antiguo no permitía, es muy valioso para los viajeros habituales. ¿Por qué deberías tener varias cuentas bancarias? Por propósitos de inversión, por los beneficios de accesibilidad y seguridad al diversificarse a través de muchas localidades. Estas son algunas de las razones más fáciles y obvias para empezar a pensar así, pero un montón de personas que se podrían beneficiar de este conocimiento, simplemente no están conectadas con éste.

Lo que hacen la mayoría de consultorías en este espacio es; o ir por el camino del "símbolo de estatus", o promover el temor y el acoso emocional para que la gente tome grandes acciones (y costosas) en las que de otro modo podrían dudar. '¡Necesitas escapar de sus redes! ¡Todo el mundo quiere tu dinero! ¡Tu gobierno puede desmoronarse en cualquier momento y llevarte por delante con él!' Temibles, horrorosos impuestos y ese tipo de cosas. Esto es extremadamente cruel e inconsciente. Lo que nos gustaría ser es más proactivos, conscientes e informativos. Lo que más necesitas es no tener miedo, y eso sucede con apoyo y educación. Antes que nada, se trata de un cambio de mentalidad.

Entonces todo se inició con una visión de lo que sabíamos que queríamos hacer para ayudar a la gente, solo que no entendíamos cómo íbamos a competir con algunos de estos 'grandes jugadores' en este nicho emergente, cuando ya tienen toda la autoridad y el dominio emocional. Nos dimos cuenta de que lo que más nos diferenciaba en lo que hacíamos tenía poco que ver con el servicio real o con el producto final que alguien podría obtener, sino más bien con las razones por las cuales lo hacían, y la forma en que interactuábamos con ellos. Esta es la personalidad que describimos y los valores que representamos. Sabíamos que eso podía ser algo completamente único (y muy atractivo) sobre nosotros.

Si tuviera que describir el tono utilizado por otros sitios en el espacio internacional, diría que son muy intimidantes y muy machistas. No creo que sean accesibles para la mayoría de las personas. No todos quieren ser trotamundos bebiendo "martinis" en Mónaco. Creo que eso es poco atractivo, e intimidante para los compañeros que quieren vivir una existencia global y realmente no saben que existen otras maneras de hacerlo. Vas a esos sitios e inmediatamente te arrojan un producto a la cara. '¡Obtén un segundo pasaporte por 10.000 dólares!' o 'Oye, compra esta guía digital por 200 dólares que te dice cómo abrir una cuenta bancaria en otro país'. ¿Necesito verdaderamente otro pasaporte? Ni siquiera me dijiste por qué. Todo lo que les importa es vender.

Las personas pueden llegar a pensar que son viajeros expertos por tener un montón de sellos en sus pasaportes, pero ciertamente no entienden cómo el hecho de establecer cuentas bancarias y nuevas residencias puede objetivamente contribuir a hacer de viajar, algo más fácil y con menos restricciones.

Lo que intentamos fomentar ahora es conseguir una información más accesible, y que ayude a otros a entender la razón por la que les debería interesar. Nuestro objetivo está en hacer de

Worldly Mindset un lugar asequible. Las personas quieren compartir la información. La gente quiere entender la información que hay ahí afuera y algunos tienen miedo de acercarse a nosotros. Para nosotros no se trata simplemente de vender otro curso u otro libro. Nuestra meta es construir positivamente sobre la educación que obtienen a través de sus experiencias y de las cosas que pueden hacer por sí mismos."

Cómo el Hecho de Interactuar con los Clientes de Manera Diferente lo Cambia Todo

Lo que nos hace diferentes, es que iniciamos el viaje con más calma que aquella imposición desenfrenada de productos, como lo hacen nuestros competidores, y educamos a las personas sobre qué preguntas deberían formularse para determinar sus metas en este punto de sus vidas. Parte de la razón por la cual los intimidantes estafadores pueden prosperar, es porque la mayoría de las personas no saben buscar una solución hasta que necesitan una. La gente debería sentirse cómoda buscando la información mucho antes de eso, para así poder tomarse el tiempo necesario para pensar sobre el estilo de vida que quieren tener. Esto debe ser presentado de forma que esté construido sobre la confianza y la competencia, y no sobre la exclusividad ni la urgencia. Estas personas saben de lo que hablan. Puedes confiar en ellos. Tienen más que sólo falsos testimonios en su sitio, pero sé que puedo hacer algo hoy, y que la información que está ahí es de toda confianza.

Esta forma diferente de interactuar nos coloca, creo, en una posición para capitalizar un mercado enormemente desatendido, sólo por saber cómo hacer que la gente se sienta cómoda y explicar conceptos difíciles de entender. Ese es el poder de la confianza y la educación. Gracias a todas las conversaciones que hemos tenido con otros colegas para tratar de enseñarles lo que deben conocer, nos dimos cuenta de cuáles son las carencias. Pequeñas cosas como la diferencia entre las residencias y visados, sobrepasan a una sorprendente cantidad de viajeros, incluso si están experimentados en este estilo de vida. Las personas no saben de estas cosas. Hay que regresar hacia un tipo de información realmente básica.

Los sitios que hay ahora son útiles a solo un porcentaje muy pequeño de personas que verdaderamente necesitan la información, y que además precisan de ayuda para tratar de descubrir lo que necesitan. Así que el paso número uno del camino de Worldly Mindset, ha sido poner toda la información a disposición a través de varios medios, de acuerdo a lo que la gente demanda: vídeos, libros, cursos, clases, cuestionarios... Y especialmente cuestionarios para que la gente pueda empezar a considerar estos interrogantes, y preguntarse qué necesitan saber para tener una mentalidad más cosmopolita. Pueden no tener que ser intimidados por los procesos de residencias y los visados, porque la información ya no es accesible. Actualmente, esta información está casi siempre restringida o sencillamente es imprecisa (incluso entre las autoridades en este nicho).

Estamos alejando a la gente de la mentalidad del tipo 'grupo de élite'. Las personas ya saben que quieren un segundo pasaporte o residencia en otro país, así que nos enfocamos en educar a la gente y en explicar los porqués, antes de ofrecer algún producto o curso en particular.

A medida que las personas descubren por sí mismas que quieren ayuda con los procesos burocráticos, cuentas bancarias, inversiones en tierras agrícolas de otros países, cualquiera de ese tipo de cosas en las que alguien les ayudó y les dio algo de información sensata, honrada y honesta, no titubean en venir a pedir algo de ayuda extra, una vez que han decidido cuáles son sus objetivos, o si necesitan ayuda para descubrirlos.

Tal vez hayan decidido que Perú será el mejor lugar para ellos y para apoyar esa idea necesiten ayuda. Hay que ser más consultivo en vez de simplemente darle a las personas lo que piden, o intentar venderles un paquete con un final feliz, cuando quizás no lo necesiten porque realmente no tienen muchas ganas de viajar a Sudamérica. Así que fundamentándonos en esa confianza que ofrecemos en el contenido que producimos sobre las bases de la residencia las cuentas bancarias entre otras, en Worldly Mindset, pueden preguntarnos, porque saben que pueden obtener ayuda sin que nadie se aproveche de ellos o se les impongan ciertos productos. Aquí van a obtener la ayuda que necesitan para cumplir con sus objetivos y obtener más libertad."

Cambiar la forma en que los consumidores ven un nicho controvertido

"El tipo de contenido que producimos tiene un atractivo que va más allá. Está diseñado para ser muy accesible y no es intimidante, ni elitista, ni machista. Más importante aún, está siendo entregado por personas honestas con personalidades auténticas, no un avatar con algún título inventado tratando de restregarte su experiencia, ya sea genuina o no, en tu cara. Queremos ayudar a las personas y contarles todos los errores que hemos tenido con residencias, cuentas bancarias, interacciones con los distintos burócratas mundiales, procesos de vida y otras incontables minucias que conlleva adoptar una existencia global. Gracias a que todos los que están involucrados en Worldly Mindset tienen un pasado distinto con sus propias experiencias singulares, podemos comprender lo que otros están experimentando.

En esencia, estamos tratando de llevar honestidad y transparencia a una industria que es notoriamente deshonesta y no transparente. Muchos de los sitios web de nuestros competidores aparecen como un montón de humo y espejos, un montón de trampas, un montón de mercadotecnia pesada caracterizada por intimidantes *pop ups* que solo por el diseño ya son agresivos. Todos los hemos visto: esos que no te dejarán ir más lejos hasta que pongas algo dentro. No hay una forma de distanciarse de ellos. Tienes que decirles algo para poder seguir el procedimiento.

Y en particular, en nuestro competidor más popular, está escondido en letras pequeñas en su sitio web, que no vacilaría en vender tu información personal a otros negocios. Él considera tu nombre, dirección, número telefónico y correo electrónico como un activo que posee su compañía. Esto me resulta espantoso, cuando consideras la naturaleza altamente personal de esta especialidad. Creo que un montón de personas podrían pensarlo dos veces antes de trabajar con sujetos como este, si pensaran en la naturaleza de con quien están tratando.

On line verás un sinnúmero de informes de primera mano de personas que contrataron a uno de estos sujetos, y descubrieron que intencionalmente, estaban reteniendo información pertinente para mantener el control sobre el cliente, o simplemente dejaban de responder porque no sabían las respuestas que necesitaba quienes les pagaban. Todo el asunto es muy contradictorio. Solo quieren cogerte el dinero y luego irse a comer bombones a una recóndita playa tropical, sin poner mucho esfuerzo en darte la ayuda por la que pensaste que estabas pagando.

En el trabajo que hemos realizado directamente con los clientes, siempre hemos sido honestos cuando no sabemos las respuestas. Nadie puede ser experto en cada elemento de una materia de esta magnitud, así que no pretendemos serlo. Por eso nos aliamos con personas que son los expertos, y combinamos sus consejos con nuestras diversas experiencias personales. 'Esto es lo que haremos a continuación. Estaremos aquí para ti, y te ayudaremos durante el camino'.

Sé que, fundamentalmente, adoptar una personalidad y un enfoque diferentes significa que estamos atrayendo a un tipo de audiencia diferente a la de los otros sujetos. No soy tan ingenuo para pensar que mi personalidad o estrategia de marca particular funciona para todo el mundo igual, pero creo que hay muchas personas ahí afuera para las cuales encaja. Hay un mercado desatendido de emprendedores y personas que son independientes de la ubicación, o al menos se identifican de esa manera, pero realmente no lo son. Dependen de la localidad en el sentido en que pueden trabajar desde cualquier lugar donde haya Wi-Fi, pero la verdadera independencia de la localidad viene con una verdadera mentalidad internacional. No pueden saber lo que ignoran.

Estas personas no van tras otros sitios para tener cuentas bancarias en el extranjero o comprar una ciudadanía en el Caribe. Ni siquiera están cerca de eso todavía. Creo que compartiendo historias reales, haciendo estos ejemplos muy reales y diciendo a las personas lo que todavía no saben, nos coloca en nuestra propia categoría. La historia es diferente. La audiencia a la que le hablo es diferente. A las personas que quieren trabajar con nosotros probablemente ni siquiera les gustaría trabajar con esos otros tíos tipo 'macho James Bond'. No confiarían en ellos.

Estamos más enfocados en expandir el mercado, no necesariamente yendo directamente hacia donde los grandes jugadores ya tienen armado su juego. Estamos en una posición de liderazgo poderosa al atender a una ola imprediciblemente grande de personas que, por primera vez, van adquiriendo una mentalidad completamente nueva. Llegamos a ser los precursores en una nueva era y consciencia".

ESTUDIO DE CASO

#2

Preparar el Terreno para el Lanzamiento de un Mercado Bilateral

PRESENTAMOS A LAURA MCGREGOR DE *COMMISSION CROWD*

Commission Crowd es una plataforma integrada para conectar a agentes de ventas por encargo con las compañías que buscan contratarlos, y también para facilitar su relación laboral. Si eres un agente de ventas en busca de grandes oportunidades para representar un producto, o una compañía buscando un equipo de ventas basado en el rendimiento, puedes aprender más sobre esta plataforma pionera en su especie en www.commissioncrowd.com

Introducción

Laura McGregor tenía un problema del que ambiciosos emprendedores de todo el mundo son conscientes. Sus cofundadores y ella habían puesto sus miradas en una expectativa muy grande, y de repente se dieron cuenta que para alcanzarla se necesitaba de muchas tácticas meticulosas y una mensajería altamente específica.

La misión de *Commission Crowd* era funcionar tanto como una mesa de trabajo, como un sistema de apoyo para gestionar las relaciones de compañías y agentes de ventas por encargo. Aparte de las complejidades técnicas de reunir todo esto bajo la misma plataforma, Laura tenía otro problema común para los negocios que trabajan conectando diferentes tipos de personas. Tenía que aprender a presentar el valor inmenso que *Commission Crowd* ofrecía a dos tipos de personas diferentes, con metas totalmente distintas al mismo tiempo.

A lo mejor este es un dilema que conoces muy bien. Si tuvieras tanto a los vendedores como a los compradores acudiendo a ti, probablemente no querrías hablarles del mismo modo, porque sus metas son diferentes. En situaciones así, no quieres renunciar por completo a los enfoques individualizados de comunicación. Necesitas una estrategia fundamental de mensajería tan potente que transmita adecuadamente tu valor lo suficiente a todos, y que fácilmente se identifiquen como parte de tu mercado objetivo. Se necesita un poco más de planificación y finura para lograrlo, pero los resultados, cuando se hace bien, pueden ser enormes.

Al aprender cuándo unificar y cuándo separar su mensaje, Laura fue capaz de construir una impresionante lista de usuarios registrados a ambos lados de la ecuación mucho antes del lanzamiento, asegurándose de que existía una comunidad próspera de actividad desde el primer día, y que ninguno de los lados era abandonado. Ahora que esos primeros pasos cruciales han sido superados con brillantez, Laura y el equipo de *Commission Crowd* son capaces de mirar libremente hacia el futuro, y de pensar en cómo ampliar sus jerarquías iniciales de éxito.

- ¿Cuántos tipos de clientes necesitas atraer con tu mensaje? ¿Es posible unificarlos bajo una misma voz?
- ¿Cómo ofreces suficientes pruebas de concepto a través de tu mensaje para que los clientes potenciales estén dispuestos a optar, incluso antes de que el producto esté listo?
- ¿Qué puedes hacer para generar un público voraz mucho antes de que tu producto esté disponible para la venta? ¿Cuál es tu mensaje fundamental y tu producto mínimo viable?

Lee la Historia de Laura McGregor

"*Commission Crowd* es un mercado que conecta a agentes por encargo con compañías que quieran trabajar con ellos. Esto permite, por ejemplo, conectarte con un agente o una compañía, y luego te da las herramientas para poder manejar mejor esas relaciones.

Para nosotros, el reto más grande es el hecho de que estamos construyendo un mercado bilateral, lo que significa que tenemos que comunicarnos dos veces en todo lo que hacemos. Así que nuestro mensaje no debe relacionarse sólo con uno de los lados, sino con ambos y que a la vez acapare todo. Entonces básicamente consiste en que ellos definan lo que necesitan saber. Tienen que identificarse con ellos mismos y luego averiguar lo que hacemos con el fin de saber en qué lado de la ecuación encajan.

Eventualmente después de observar todo esto en conjunto durante el tiempo suficiente, pudimos decir básicamente: "Bueno, estas son todas las características y beneficios que ambos lados del mercado tienen", pero realmente necesitábamos racionalizar el proceso y el mensaje para decir: "Genial, ¿Qué significa eso para cada una de las partes, para ambas personas en conjunto?"

Un año atrás, sabíamos exactamente lo que estábamos construyendo. Entendíamos la funcionalidad de cada una de cara al mercado, pero no entendíamos cómo comunicarnos realmente. Entonces decidimos iniciar también una estrategia VIP de lanzamiento temprano. Necesitábamos ayuda para comunicar los beneficios de suscribirse con anticipación. Después de todo, lo que tratábamos de hacer era básicamente revolucionar una industria.

Actualmente, muchas de las soluciones que existen dentro de la industria de pago por resultados de venta son muy anticuadas, y también existe un nivel de educación que estamos tratando de incorporar dentro de lo que hacemos. Debido a eso se convierte en un gran reto, porque a veces algunas personas no se dan cuenta de que este es un tipo de solución que también les puede funcionar. Nuestro desafío más grande es hacerlo lo más amplio posible y al mismo tiempo educativo y directo. Las compañías necesitaban tener una idea mejor de lo que *Commission Crowd* podía aportar a sus negocios."

Hablarle a ambos Mercados con una Voz Unificada

"Ahora tenemos una idea mucho más clara sobre el mensaje de principios que necesitamos enviar a nuestro público. Queremos desafiar a nuestros mensajes constantemente. Lo que estamos terminando en este momento es una versión revisada de nuestro sitio web actual. Necesitamos añadir siempre más claridad, pero también queremos probar ese mensaje. Lo más importante es no decir algo una sola vez. Se trata, como en toda mercadotecnia, de probarlo. ¿Qué funciona mejor para lograr tu objetivo? No nos importa realmente lo que decimos, siempre y cuando las personas que lo oigan se relacionen con esto y pasen a la acción rápidamente.

Lo que pienso que es fenomenal sobre *Commission Crowd*, es que realmente lanzamos nuestro producto con una comunidad ya arraigada, gracias a la claridad con la que conseguimos llegar a nuestra gente. Basados en nuestra estrategia de mensajería, pudimos conseguir 103 usuarios pagados en el lado de la compañía en el momento de abrir nuestras puertas. El hecho de generar ingresos sin ni siquiera tener un producto es sensacional, si lo puedes entender. Ciertamente dice algo sobre la fuerza de nuestro mensaje.

Y por parte de los agentes de ventas, algunos tuvieron que esperar un año para entrar. Ahí nuestro mensaje nos ayudó a crear 465 agentes de venta que sembraron el sistema en el momento del lanzamiento. Así que en el primer día tuvimos una excelente comunidad inicial con al menos cinco agentes por compañía. Estamos descubriendo que debido a esa enorme ventaja, estamos avanzando a pasos agigantados por delante de la mayoría de las *starups* de Internet. Casi todas están demasiado preocupadas en las primeras etapas de su lanzamiento, ya sea si tienen suficientes clientes o no para probar que su idea funciona. Nosotros ya habíamos probado la viabilidad en el mercado.

Esto fue crucial para nosotros porque sin esa prueba inmediata hubiese sido muy difícil, porque ya de por sí los mercados bilaterales son bastante complicados. No podríamos haber arrancado con algo que no estuviera ya sembrado, de otro modo el suministro y la demanda se hubiesen alterado y abandonado. Necesitábamos estar seguros de que en el momento en que ellos llegaran hubiera algo que ver. El enfoque principal por el cual las personas vienen a nosotros, es para conectarse con agentes de ventas, pero lo que les mantiene con nosotros es la funcionalidad adicional que te permite manejar a tus agentes de ventas.

Cuando vienen a *Commission Crowd*, saben que se quieren conectar con un agente de ventas, así que no es eso sobre lo que necesitan ser instruidos. La pieza educativa es el dolor adicional en el que inicialmente no piensan, porque nunca ha habido una solución que les ayude a manejar a su equipo de ventas. Existen muchas carencias en sus negocios. Simplemente no piensan en términos de adquirir una solución tecnológica, porque siempre tienen métodos alternativos. Tienen parches en todo su negocio para ayudarles a hacer eso, pero nada que racionalice todo ese proceso. Tuvimos que aprender a mantener una conversación que no mantuvo nadie más.

Lo entienden una vez que les preguntas, "¿Alguna vez has tenido un momento apretado dirigiendo a cinco agentes de ventas al mismo tiempo, y entendiendo dónde se encuentran en términos del proceso de entrenamiento e integración con tu compañía?" Saben que en ese momento tienen una hoja de *PowerPoint*, y tienen a una chica que la revisa cada mañana, y la marean con este trabajo que es una molestia y es horrible, pero no piensan que la solución está ahí afuera esperándoles".

El Fantástico Terreno Abonado de un Lanzamiento para Asegurar el Futuro

"Debido a que hemos tenido una fase de pre lanzamiento y lanzamiento tan exitosa, nuestro próximo paso es obtener una configuración producto/mercado tan rápido como sea posible, lo cual significa tener al menos el 40% de nuestra base de usuarios diciendo que aman totalmente nuestro producto y que odiarían estar sin nosotros. Tan pronto como lleguemos a ese punto, nos gustaría lanzar nuestra versión Beta y luego ascender muy rápidamente, porque una vez que esté en el mundo real, habrá competidores pisándonos los talones. Para nosotros se trata de revolucionar la industria de ventas por encargo.

Nuestro mayor reto ha sido que la tecnología es simplemente inexistente. La industria como tal tiene más de 100 años, así que el pago por rendimiento no es nuevo. Muchas compañías no creen ser un buen candidato para trabajar con agentes de ventas por encargo, cuando en realidad cualquier negocio podría ser realmente apropiado, siempre y cuando sepas que tienes un producto con una sólida reputación.

Aquí existe una oportunidad real para cualquier agente de hacer dinero, y lo que quiero decir con esto, es que no vendes solamente libros virtuales por 9.99 dólares. Tiene que existir un tipo de ingreso escalable que surja de esto. Nuestro trabajo es básicamente impulsar una pieza educativa para todos los mercados, para que así cada empresario y cada negocio de cualquier tamaño con una buena idea, un buen producto, y una buena reputación, pueda integrarse y usar *Commission Crowd*.

Y he aquí otra importante cuestión: la industria de ventas por encargo, desde la perspectiva de los agentes, está increíblemente fragmentada. Durante más de 100 años, todos se han llamado a sí mismos con diferentes tipos de nombres. Tienes agencias de fabricantes. Tienes agencias independientes. Tienes agencias de autónomos. Te puedo dar una lista de al menos 73 títulos de trabajo distintos que hemos identificado, y que todos esencialmente significan 'pagados con acuerdo al rendimiento'. Y de lo que realmente se trata, es de hacerle saber a todas esas personas que hay una solución, que también es gratis para los agentes de ventas.

Queremos que puedan hacer su trabajo mejor, más rápido, más eficientemente, y que ahorren tiempo para que también puedan relacionarse mejor con los principios de su compañía. Lo que ocurre a menudo es que los agentes de ventas trabajan con más de una compañía a la vez. Imagina que eres un agente de ventas y representas a 6 compañías distintas, para las cuales debes ofrecer actualizaciones de actividad referentes a todo lo que pasa dentro de tus proyectos en proceso. Entonces siempre que llamas por teléfono a alguien estas poniéndole al tanto sobre alguna información, y cada vez que mandas una actualización de un principio estás quitándole tiempo a la venta.

En esencia, *Commission Crowd* es un sistema CRM integrado. Una compañía tiene su propio CRM, y los agentes de ventas tienen su propio CRM, y cuando los conectas, pueden manejar su relación fácilmente. Cada vez que muestran algo en nombre de la compañía para la cual trabajan, el contacto principal de esa compañía recibe una actualización de alto nivel, así que la compañía no debe sentir que necesita micro manejar su equipo de ventas externo, porque ahora tiene la información que realmente desea.

Saben exactamente cómo está trabajando su agente. ¿Qué significa eso en términos de pronóstico para mi negocio? ¿Cómo se ve realmente mi proyecto? Pueden volver a dirigir sus negocios, y sus agentes de ventas tienen más libertad para centrarse en vender"

ESTUDIO DE CASO #3

Convertir un Proyecto de Caridad en un Movimiento Lucrativo

PRESENTAMOS A CHRIS REYNOLDS DE *THE ONE EFFECT*

Chris Reynolds es un nómada digital y viajero que organiza tanto espacios de convivencia para emprendedores independientes en localidades exóticas en todo el mundo, como viajes de aventura de caridad, que benefician a todos los involucrados. Puedes aprender más sobre estos viajes para salvar el mundo en www.theentrepreneurhouse.com

Presentación de Chris

¿Qué emprendedor no ha deseado convertir sus pasiones filantrópicas en modelos de negocio reales? Muy a menudo, nos vemos forzados a enfrentarnos a la falsa dicotomía de hacer algo por amor o por dinero, pero nunca por ambas cosas. Para la mayoría de las personas, ya de por sí es muy difícil descubrir cómo hacer dinero haciendo cualquier cosa, y más aún, haciendo lo que les gusta.

Chris Reynolds es el tipo de persona que no acepta tener que decidir entre pasión e ingresos. Ya estaba a kilómetros de distancia, porque sabía qué tipo de diferencia quería marcar en el mundo. En ningún momento se sentó a esperar a que los planetas se alinearan para poder entrar en acción. Ya había organizado sus primeros viajes altruistas para ayudar a los necesitados años antes de que tuviera el modelo de negocio adecuado, o incluso una marca.

Cuando empezamos a trabajar juntos las semillas que había sembrado y los pedacitos que ya había repartido por el mundo, comenzaron a unirse para formar una imagen significativa para el futuro. A veces es realmente tan sencillo como aprender a mirar lo que ya has hecho desde un nuevo punto de vista. Una buena historia es mucho más que los ingredientes que van en ella, es poner todo junto de la manera apropiada para que tu público se involucre de inmediato.

Ahora Chris no sólo ha estado ocupado organizando viajes para destinos como La India, Ghana, y Perú y ayudar a los necesitados, también ha aplicado su pasión para el beneficio mutuo a un proyecto llamado *The Entrepreneur House*, donde emprendedores nómadas con ideas similares conviven al mismo tiempo durante meses en un tipo de viaje diferente. Él ha hecho la transición de hacer el bien cuando podía, a ser un empresario fructífero y completamente facultado, con una visión diáfana del futuro.

A medida que lees la historia de Chris, intenta pensar en cómo su situación se puede aplicar a tu propio negocio (aunque estés involucrado en un proyecto sin fines de lucro parecido o simplemente por pasión). Hazte las siguientes preguntas para un máximo impacto.

- ¿Por qué crees que tu proyecto debe continuar siendo sin fines de lucro? ¿El hecho de hacer la transición a un modelo lucrativo adultera tu misión o posiblemente la mejora?
- ¿Cuál es el mayor valor que proporcionas a tus clientes y contribuyentes más allá de la satisfacción tangible de ayudar a una buena causa? ¿Existe una forma más intensa y específica de desarrollar tu misión?
- ¿Cuántos *hobbies* y proyectos de pasión se han estado retrasando, convirtiéndose en negocios reales y escalables? ¿Qué te impide actuar sobre ellos?

Lee la Historia de Chris Reynolds

"Mi nombre es Chris Reynolds. Dirijo un sitio web llamado *The One Effect* – 'Una cosa puede cambiarlo todo.' Soy un nómada digital, viajero del mundo, emprendedor y simplemente una persona dispuesta a ayudar a los demás.

En 2009, leí el libro *The Four Hour Work Week* de Tim Ferris. Había empezado un par de negocios antes. El principal negocio que tenía duró un par de años, y en realidad se vino abajo debido a la recesión en 2008 y 2009. Fue justo cuando leía el libro de Tim Ferris que éste me presentó la idea de salir y crear algún tipo negocio, o de hacer dinero *on line*, donde básicamente puedes recorrer el mundo y ganar cierta libertad; donde puedes vivir donde quieras, ganar dinero y vivir la vida de tus sueños.

Empecé a construir sitios web, a poner *AdSense* en sitios web, y enlazarlos, y empecé a generar un poco de dinero con eso. En el 2011, ya estaba preparado para trasladarme al extranjero, y compré un billete de ida a Costa Rica.

Tenía muchos sitios web donde escribía artículo tras artículo, y los enlazaba e insertaba anuncios *Google AdSense* para ganar dinero con el marketing. Iban bien hasta Abril de 2011, cuando Google implantó un nuevo algoritmo y aniquiló completamente los ingresos de esos sitios web. Sabía que necesitaba hacer algo más, y encontré algún trabajo contratando en línea. En ese momento, después de estar en Costa Rica durante un tiempo, decidí empezar la idea de lo que llamo: *The One Effect*."

Desde los Caritativos y Humildes Inicios

"*The One Effect* se inició con un grupo de amigos que se embarcan en obtener dinero para fines caritativos, y nos divertimos tanto, que concluimos que queríamos escribir un blog sobre la materia. Me mudé a Perú, y decidimos que, como nuestro primer proyecto, queríamos construir una granja para niños desnutridos. Terminamos edificando una granja y después de eso, me mudé a España. El sitio web siguió creciendo.

El eslogan para el sitio web era originalmente 'Experimentos que cambian el mundo' porque la idea era que una persona pudiera tomar una idea o un sueño, y salir al mundo a marcar la diferencia con ellos. El primer año no se tomó muy en serio el sitio web. El segundo año nos aplicamos más, y fue un proyecto donde pusimos pasión. Pero no era un verdadero negocio, y aunque eso era en lo que siempre quise convertirlo, no sabía cómo hacerlo realmente.

No sabía dónde quería llegar. Entendía que quería convertirlo en un negocio que pudiera sostener mi estilo de vida, y que pudiera crecer y ayudar a las personas al mismo tiempo. Siempre luché con cómo canalizarlo para mantener mi enfoque en generar ingresos principalmente, ayudar a las personas y crear una entrada sostenible.

Por un largo período de tiempo, ciertamente me quedé atascado en "a dónde quería ir", y pienso que simplemente era por miedo a tomar una decisión sobre qué camino escoger y a qué mercado dirigirme. Trabajando en esas importantes y a menudo difíciles preguntas, me di cuenta de que si no tomaba una decisión y actuaba en una dirección, nunca podría avanzar.

Hablábamos sobre experimentos para cambiar el mundo, pero verdaderamente nadie sabía lo que significaba porque no se sabía realmente hacia dónde íbamos con el negocio. No fue hasta que me hicieron la difícil pregunta referente a los negocios '¿y qué estás haciendo con tu negocio?', cuando empezamos a tener una dirección real. ¿Qué tipo de narrativa tienes con tu negocio? ¿Cuál es tu historia? ¿A quién intentas contársela?

Recibí duras críticas a mi negocio por parte de Gregory sobre la dirección en la que quería ir con *The One Effect*. Tenía una visión clara de hacia dónde quería ir. Renové el sitio web, cambié la marca, y lo convertí en lo que siempre supe que quería originalmente, en vez de lo que creía que debía hacer. Con esa nueva luz, lo puse dentro de un enfoque en el que pude convertirlo en un negocio totalmente sostenible que conseguí mantener funcionando en los años venideros."

Transformar una Afición en una Misión Sostenible

"Pienso que lo más importante es que ahora en vez de simplemente hacer algo por diversión, tengo una idea certera de lo que quiero desarrollar. Convertí mi pasatiempo en un movimiento. Después de que cambiamos la marca y reconstruimos por completo el diseño del sitio web, *The One Effect* finalmente tiene suscriptores. Tenemos interesantes *podcasts*. Mantenemos blogs estables de desarrollo personal y contenido inspirador que ayudan a las personas con sus objetivos, sueños e inspiraciones, mientras al mismo tiempo generamos ingresos.

Diría que este es un problema que tienen muchas compañías y negocios sin ánimo de lucro o basadas en pasiones. Creen fervientemente en lo que hacen, pero realmente no saben cómo impulsarlo o cómo obtener dinero para respaldarlo. De hecho, el problema de una compañía sin fines de lucro es simplemente su nombre: 'sin fines de lucro'. No hacen dinero, y si algo no hace dinero no puede ser sostenible. Existe un montón de gente bien intencionada y con ideas para diferenciarse del resto del mundo, pero se roban su propio dinero, o no saben cómo crear una caridad sostenible o un negocio con afán dinerario.

Muchas personas se pierden en medio de ambas cosas, asumiendo que puedes tener o una iniciativa sin fines de lucro, o un negocio. Lo cierto es que estamos en un punto donde podemos abarcar ambas cosas. Podemos tener un negocio que realmente ayude a las personas, un negocio absolutamente sostenible, un negocio focalizado en generar ingresos y ayudar a las personas al mismo tiempo, para poner un valor verdadero en el mundo, y distinguirnos del resto.

Me apasiona mucho crear un mundo mejor y ayudar a otros a que consigan sus sueños y metas, y a que fabriquen la vida que soñaron. Lo bueno es que si creemos en nosotros, seguramente tendremos una vida sin límites. No existe nada que nos detenga a hacer algo que deseamos, y la educación tradicional no necesariamente nos enseña eso. Nos enseña a lanzarnos y obtener un buen empleo, a trabajar duro para hacer dinero, tener una familia, jubilarnos y morir.

Ese es el modelo de carrera de ratas en el que la gente entra una y otra vez. Y muchos simplemente no saben que existen otras maneras de vivir, que es completamente aceptable y a menudo irresponsable, no vivir una vida persiguiendo tus sueños, no vivir una vida perseverando en las cosas que en realidad deseas en este mundo.

Siempre desde que tengo memoria, me he imaginado como un anciano, teniendo 95 años reposando en mi lecho de muerte y visualizando el tipo de vida que quiero vivir. Así que cuando pienso en qué tipo de vida quiero como anciano, pienso en ser un tipo de persona que viaja alrededor del mundo marcando la diferencia. Pienso en ser un emprendedor. Pienso en mi crecimiento personal, ayudando a otras personas a crecer, inspirando y viviendo realmente la vida de mis sueños."

Hacer que el Cambio Sea Lucrativo

"El puntazo es que estos viajes son tan valiosos para la gente que paga por hacerlos como para los que están orientados a ayudar. Porque primero, viven la aventura de su vida; segundo, salen de sus cuatro paredes y crecen como personas, cuando terminan en una villa construyendo un hogar para niños esclavos; tercero, ayudan a algunas personas que nunca pensaron conocer, y también a otras que nunca volverán a ver... y contribuyen a dejar un legado para cambiar el mundo.

Ahí afuera existen muchas figuras inspiradoras diciendo, 'Oye, ve a vivir la vida de tus sueños y sé genial.' Existen muchas personas diciendo 'Por favor, ayuda a estos niños esclavos, porque son esclavos, y son niños. Dales algo de dinero o haz trabajo voluntario y fabrica un pozo o algo.' Nosotros combinamos estas poderosas ideas dentro de un concepto realmente asombroso que incluye aventura en la mezcla.

De hecho hay una especie de frase nueva llamando a esto "viaje de aventura caritativo", donde las personas pueden dejar sus rutinas de nueve a cinco, tomarse dos semanas libres de trabajo, ir a Costa Rica, ir a Perú, ir a Ghana, y seguramente experimentar la convivencia con los nativos, mientras que al mismo tiempo les ayudan con lo que estén intentando en su día a día, y tener una nueva aventura de toda la vida. Creamos un tipo de ayuda que no necesariamente tiene que ser un sacrificio personal.

En lo que me he fijado mucho durante las tareas de caridad que he realizado en el pasado, es que siempre falta algo. Muchas personas contribuyen a la filantropía sólo porque sienten que deben hacerlo, y no porque realmente lo quieren llevar a cabo. También se inscriben en diferentes proyectos o actividades de caridad donde piensan que deberían ganar un poco de realización personal, pero lo hacen por el hecho de sentir culpa en vez de pasión. Cuando puedes mezclar un viaje de aventura con trabajo de caridad por el que la gente pueda sentirse respaldada y emocionada, entonces es un ganar dividido por ganar.

Ahora mi visión a largo plazo de *The One Effect* es tener varias comunidades por todo el mundo. Ya tenemos tres, pero la misión es tener múltiples comunidades en todas las partes del mundo a las que vamos, y a largo plazo, marcar la diferencia en esas comunidades.

Hace apenas dos años y medio, construimos una granja para niños desnutridos en Perú. Fuimos a preparar el terreno con los nativos en el costado de una montaña, construyendo esta granja. Seis meses después del proyecto, empezamos a tomar fotografías sobre el progreso de la granja. Ahora han pasado más de dos años y la granja es enorme. No solo está alimentando a los niños en una villa de 60 habitantes, sino también a las familias que viven en ella. Llegaron a ser arrendatarios de parte de la tierra, y el 50% de lo que cultivan va para la escuela, y el otro 50% va para sus propias familias.

Así que realmente estamos alimentando a personas con un proyecto totalmente sostenible, porque esa granja estará allí durante generaciones, y la idea que hay detrás de ese 'a largo plazo' con *The One Effect*, es tener estos proyectos a largo plazo en India, Tailandia, Nepal, Perú, y Costa Rica. En todo el mundo, y marcando la diferencia en todas esas comunidades mientras llevamos a personas allí a convivir con sus culturas y a ayudar a las personas.

Vamos a preparar un *podcast*, a continuar diseñando blogs e inspirando a la gente. Desde el corazón de esto, *The One Effect* es un blog inspirador del desarrollo personal, donde la gente puede aprender sobre sí mismo y crecer, y también unirse a estas aventuras, y vivir la experiencia de su vida".

Impulsar una Marca Personal a Través del Enfoque Narrativo

PRESENTAMOS A NIEDRA GABRIEL DE *SPIRIT MOVES*

Niedra Gabriel es una entrenadora del movimiento especializada en ayudar a las personas con rango de movimiento limitado para devolver sus cuerpos a un estado de máxima flexibilidad y rendimiento, a través de ejercicios de baja intensidad hechos a la medida, que liberan años de rigidez y tensión acumulados. Su trabajo se centra ahora sobre la terapia del movimiento altamente especializada que realiza con atletas, pacientes en recuperación de lesiones y clientes de edad avanzada a través de talleres internacionales y clases privadas. Puedes encontrarla en www.spirit-moves.com

INTRODUCCIÓN A NIEDRA

A veces, saber mucho sobre tu negocio puede ser más un obstáculo para crecer que no saber lo suficiente. Es muy fácil estar demasiado pegado a tu proyecto y olvidar cómo se exhibe a los ojos de un desconocido. Cuando conocí a Niedra, había estado practicando su particular terapia y entrenamiento del arte del movimiento durante casi toda su vida. Ya tenía más de sesenta y contaba con más habilidad y experiencia en su especialidad de las que la mayoría de las personas podrían conseguir.

A pesar de los años que había dedicado a aprender sobre el cuerpo humano en relación a la movilidad y la flexibilidad, había descuidado algo muy importante. Nunca aprendió a contar la historia de lo que hacía de una forma que, instantáneamente, transmitiera su convincente singularidad.

La verdad es que cuanto más te desarrollas como profesional y proveedor independiente de servicios, es más fácil que te escondas tanto que tus principales audiencias tengan problemas para entenderte por completo. Esto perjudica a todo el mundo. Tu negocio se estanca porque nadie se percata de lo que hace a tu práctica atractiva, o la explicación que escuchan es muy diferente a la categoría más grande que imaginan y a la que sus mentes ya están acostumbradas. Entonces las personas que más necesitan de tu ayuda te pasan completamente por alto, y n

unca experimentan el poderoso beneficio potencial de trabajar contigo.

En el caso de Niedra, llevaba las tres décadas anteriores describiéndose como una instructora convencional de yoga y Pilates contra las que tenía que luchar. Toda la comunidad de clientes dedicados que había construido orgánicamente a través de recomendaciones la amaba, y era suficiente para sostenerla financieramente. Sin embargo, sin un mensaje potente y único, no tenía una forma real de crecer con sus esfuerzos, y empezar a colocar su marca frente a miles de viables clientes.

Trabajando codo con codo durante muchas semanas, fuimos capaces de indagar profundamente dentro de la mente de Niedra, y sacar a la luz las gemas de información que había guardado dentro de su vasto conocimiento sobre el tema de la terapia del movimiento. Mejoramos no solo el determinado beneficio que estaba más que cualificada para entregar, sino también a la gente que fuera más probablemente que lo quisiera, así como la forma en que pudiera empaquetar todo esto como una identidad de marca emocional.

Desde que se sometió a este proceso e implementó los cambios necesarios a la narrativa dentro de sus eventos en vivo y su material promocional, Niedra ha sido finalmente capaz de lograr el sueño de toda su vida, de ser verdaderamente independiente en su negocio. No solo está generando hasta el 700% más por su tiempo que antes, sino que está trabajando más a menudo y controla completamente cómo, cuándo y dónde dirige sus talleres. Su público está creciendo rápidamente con cada día que pasa, más allá de la pequeña comunidad inicial de seguidores que había cultivado, y tiene más oportunidades que nunca para practicar su trabajo en línea y de otras formas más novedosas.

Si eres un autónomo independientemente de cualquier especialidad, quiero que pienses en los obstáculos que actualmente te frenan para escalar en tu negocio. Solo porque operes individualmente no significa que no puedas contar tu historia de una manera excelente, y aplicar tus habilidades en puntos de venta altamente apalancados. El primer paso para ir de "uno a uno" a "uno a muchos" es tener una historia que valga la pena contar a un público mucho más extenso e inteligente.

Y si te encuentras en una situación parecida a la de Niedra cuando empezó, tómate un tiempo para reflexionar sobre las siguientes preguntas aplicadas a tu propio negocio. No dejes de indagar hasta que las respuestas reales y atractivas se vuelvan evidentes para ti. Estas te darán la visión que necesitas para hacer cambios duraderos en tu identidad de marca.

- ¿Qué es lo que haces que es singularmente valioso comparado con otros proveedores de tu mismo ámbito?
- ¿Usas muchos términos genéricos? ¿A las personas se les hace difícil entender los detalles de tu negocio?
- ¿Sabes qué tipos de personas son los que más necesitan tu ayuda? ¿Qué puedes hacer para alcanzarlos y hacer que se den cuenta de que estás ofreciendo una solución valiosa a sus problemas?
- ¿De qué formas permites que los factores externos limiten la identidad de tu marca? ¿Alguna vez has tenido miedo de contar toda la historia?

Lee la Historia de Niedra Gabriel

"Mi primera introducción al movimiento fue como aspirante a bailarina con muchos problemas físicos y técnicos, y con un alto nivel de ambición por convertirme en artista del ballet. Esa ambición no cosechó éxitos. No lo logré porque tenía muchas lesiones y desafíos técnicos, lo que me llevó al mundo de la terapia del movimiento para restaurar la alineación del cuerpo.

Estudié yoga y Pilates mientras tanto. Hacer este trabajo junto a otras personas fue increíblemente fascinante y satisfactorio, y al mismo tiempo aprendí que cada persona tiene una visión única de cómo están colocadas sus piezas, cómo se mueven, cómo entienden el movimiento y de dónde viene.

Ahora trabajo con la motricidad y el estado físico para liberar lo que bloquea a las personas a alcanzar una salud óptima. A través de los años, estudié muchas modalidades diferentes con el fin de solucionar problemas como por qué los hombros están rígidos, o por qué la columna vertebral y los nervios pueden estar bloqueados. Se trata de integrar todas estas cosas con el fin de elevar por completo el estándar de vida de la persona, así como su sensación de bienestar y su estado emocional, para que de esta manera puedan tener más confianza en quienes son y en cómo funcionan.

A través de los años, empecé a trabajar con una amplia gama de clientes, como personas mayores que descubren que se sienten menos cómodas con su cuerpo que antes. Otro grupo son algunos atletas que han superado su máximo rendimiento, o que han sufrido una lesión y no saben cómo regresar de manera segura, o recuperar lo que tenían antes y pasar al siguiente nivel.

Para la mayoría de las personas el problema es que regularmente hacen cierto tipo de movimiento, como sentarse en una silla frente al computador todo el día, o si eres un corredor que usa sus piernas dentro de cierto rango de movimiento, o un jugador de tenis que balancea su brazo derecho y gira su tronco de cierta manera, el cuerpo básicamente se congela dentro de esas figuras sin que seamos conscientes de eso. Se endurece, y es necesario comenzar a suavizar estas áreas endurecidas y devolverlas a su forma original, en la que cuelgan en el espacio sobre el esqueleto.

Muy pocas personas se ocupan de ese aspecto del movimiento, por lo que se hace un pre calentamiento de todo lo que bloquea el rango del movimiento, y luego se implementa correctamente un movimiento integral, de manera que les permita superar su máxima capacidad. Trabajo con estas personas para restaurar el rango del movimiento, lograr potencial, e integrar diariamente movimientos específicos en sus vidas para que sientan altos niveles de vitalidad y energía.

En el mundo del Pilates, enseño entrenamientos para que otros profesores puedan usar esa serie de movimientos, técnicas y maquinarias, pero muy dentro de mi perspectiva. Hago talleres de yoga y Pilates especializados para liberar pies apretados y dolorosos, tendones apretados, hombros apretados, espina dorsal apretada y cómo liberar la tensión en tu cuello y tu cara. Estos son todos temas genéricos que son aplicables tanto a estudiantes como a profesores."

El Fracaso de Niedra al Comunicar su Maravilloso Valor

"Durante las tres décadas que llevo de carrera, he luchado por articular lo que hago para las personas. A menudo he trabajado con entrenadores para progresar en mi negocio, elevarlo, y expandirlo, pero nunca obtuve lo que necesitaba exactamente. Siempre he sido consciente de que tengo un servicio muy deseado, pero a pesar de que me dijeron que nombrara mi marca, definiera una especialidad, me describiera de una forma que no me convirtiera en una mercancía en un estante, no fui capaz de concretar los detalles esenciales de lo que hacía.

Cuando la gente me preguntaba a qué me dedicaba, decía, 'enseño yoga y Pilates.' Un entrenador me prohibió utilizar esos dos términos, y divagaba en entender lo que hacía. La gente me miraba con ojos vidriosos como diciendo, '¿Eh?' y entonces alguien decía: 'Ella enseña Pilates y yoga.' Y todos decían 'oh, ya entiendo'. Así que sí, ha sido difícil definir lo que hago, y por lo tanto el rango de personas con las que contactaba se limitaba a las que ya me conocían a mí y a mi reputación por boca de mis amigos.

El problema de llamarme solamente profesora de yoga era que existen muchos profesores enseñando yoga y Pilates. Cada profesor y cada uno de los servicios que ofrezco alberga una singularidad. En última instancia, es ahí donde es extremadamente restrictivo decir que sólo enseño Pilates. Cualquiera que lo oiga puede tener una imagen preconcebida de lo que significa. Así que existe un porcentaje diminuto de personas que se interesaría en lo que hago, y eso ocurre solamente si ya tienen una pasión previa por el yoga y el Pilates. Les gusta y lo desean.

Si no saben lo que es, o no están interesados en ir a una clase porque tienen una imagen de ti agarrándote como un palito salado a sus gargantas, entonces ni siquiera tienen interés en continuar hablando conmigo. De igual forma, tampoco tengo ningún tema en común para entablar una conversación con ellos, porque esto no enlaza con el puente hacia quiénes son.

Es como intentar afinar un piano desafinado. Primero tienes que afinar cada cuerda en su nota correcta, para que luego un pianista experto pueda interpretar música con éste. Si no está afinado, va a sonar terrible sin importar quién lo esté tocando. Hago que el instrumento suene bien. Entonces sí es fácil tocar buena música. La música aquí, está lista para el cliente: correr, jugar al tenis, bailar, ganar las Olimpiadas, hacer gimnasia, Yoga, Pilates, tener una vida placentera, hacer jardinería o lo que quieran. Está individualizado para cada persona, así que aprendí que definiéndolo de una forma que tenga relación con sus intereses específicos, es extremadamente importante si quieres crear impacto.

Dentro de la industria, ya me estoy definiendo de forma más específica. Si un profesor de yoga quiere aumentar su conocimiento y su repertorio de enseñanza, ¿Por qué debe ir a estudiar con otro profesor de yoga? Hay cientos para elegir. En el momento que decido que voy a dar un taller referido a resolver un problema saliendo ligeramente fuera del modelo tradicional, puedo atraer a muchos más profesionales que sean conscientes de que el problema existe.

Entender lo que mi programa y mi servicio es, me ha dado más confianza, fundamentalmente para desarrollar nuevos programas de entrenamiento, y varios servicios específicamente orientados hacia una combinación para resolver problemas, y luego educar a las personas para que los resuelvan. De vez en cuando me gustaría tener una clase de retiro donde las personas puedan asimilar muchas de estas lecciones de manera intensiva, y luego dejarlo..., y regresar a sus vidas con un puñado de herramientas que puedan aplicar fácilmente en casa para mantenerse con mayor funcionalidad y menos dolor".

Cómo una Identidad Más Clara Creó un Nuevo Modelo de Negocios

"Mientras tanto, ya estoy haciendo retiros de esta naturaleza. También quiero desarrollar varios vídeos educativos en línea, porque mucho de esto se puede enseñar a través de Internet, especialmente para entrenamiento de profesores. Realmente el cielo es el límite. En algún momento también haré un entrenamiento *on line* de 30 días, de manera que pueda dirigirlo desde un ordenador en cualquier lugar del mundo, a un grupo de personas que se haya registrado.

Aunque aún me considero como un bebé en cuanto a mis conocimientos de promoción y marketing, sé que continuaré creciendo y aprendiendo. Ahora tengo herramientas como nunca antes para alcanzar a un público mucho más grande, lo que ha hecho mucho más importante que sepa realmente qué decirles para captar su atención e intrigarlos. El impulso de lo que puedo ofrecer y lo que puedo desarrollar solamente se incrementará. No lo dudo. Mi sitio web está siendo remodelado por completo, para de esta manera, poder representar lo que hago mucho mejor. Hasta ahora, solo había sido una página informativa.

Todo mi modelo de negocio ha cambiado. He ido varias veces a Europa durante los últimos cinco años para realizar actividades de retiro, y uno de los pocos eventos que hice en Australia fue ser presentadora invitada en un hotel. Tuve un grupo de fanáticos devotos que asistieron, y enseñé clases de yoga por la mañana y de Pilates por la tarde, y compartimos juntos. Fue un evento pequeño donde recibí una pequeña comisión. Para mí fue un servicio muy insatisfactorio, porque no sentí nunca que realmente estaba dando un paso hacia donde quería ir.

Así que decidí volver a focalizar todo el asunto. Terminé ese contrato y encontré una localidad en España donde podía trabajar, y decidí convertirme en autónoma con la ayuda de Gregory, al que tenía redefiniendo mi persona y mi servicio.

Expandí mi viejo programa de hasta cuatro horas y media por día, con agendas mucho más específicas en cuanto a lo que iba a ser abordado física y emocionalmente. Para mí, esta fue la primera vez que envié un boletín informativo que me emocionó muchísimo, porque sentí que estaba subiendo el nivel al que quería llevar mi propia calidad del servicio.

Ese primer retiro duró una semana. Una vez que envié mi boletín informativo a mi propia lista de correos, se vendió en el transcurso de una semana. La intensidad y velocidad con la que la gente respondió a los correos electrónicos me impactó. Nunca antes había tenido ese tipo de respuesta, y ni siquiera tenía un carrito de compras en el que las personas pudieran pagar. Tuve que enviar a todos facturas de PayPal, una por una. Esto básicamente me conmocionó, así que fui y comprobé, y reservé la misma localidad para la semana anterior, luego envié otros dos o tres correos. Esa semana también fue completísima. Realmente estoy considerando aún si quiero abrir incluso una semana más.

Así que ahora en lugar de tener una posible semana de retiro, tengo dos completas, y posiblemente una tercera, porque hay una gran cantidad de personas que quieren venir y no han podido. Así que esto para mí es un cambio en el juego. En cifras concretas, voy a pasar de hacer entre dos y tres mil dólares, a generar una ganancia de probablemente 10, 15, ó 17 mil dólares en esa semana. También tengo algunos productos que planeo vender por primera vez, lo que será parte del programa. Así que definitivamente espero incrementar eso.

Tengo un montón de gente que me contactó desde Europa que no podía hacer el retiro en España. Tendré un fin de semana de talleres y están esperándolo. Así que prefiero vender para esos dos fines de semana también, y probablemente conseguir un buen número de clientes privados. Simplemente al articular mi pasión, lo que me interesa y cómo veo la naturaleza de los problemas que tiene la gente, he abierto las puertas a muchas y nuevas personas que se acercan y me contactan.

En el pasado, a veces me preguntaba si iba a terminar debiéndole al banco, porque era una especie de apuesta para mí hacer eso. Tuve que comprar mi propio billete de avión. A veces tuve que encargarme de mis propios alojamientos. Estaba simplemente dando un paso, porque sentía que era lo correcto. Esta vez no tengo dudas de que estoy dando en la diana, y probablemente la mayoría del dinero estará listo antes de que comience, y luego tengo talleres que traerán más ingresos por separado. Es un gran cambio en el juego, y esto es solo el inicio.

Mucha gente me ha contactado diciendo, "Dios mío. Recibí tu boletín gracias a un amigo, ¿Puedo ir también? Así que las personas reenviaron mi boletín sobre el retiro debido a mi convincente narrativa. No debo decir que se volvió viral porque esa es una escala muy grande, pero está siendo compartido, porque obviamente estaba manejando los puntos sensibles que tienen otras personas, y son una preocupación para ellos. Así que estaba proveyendo. Estaba describiendo un problema y una solución de una forma que nadie lo había hecho antes, lo cual marca una gran diferencia.

Todo es el resultado de entender un poco mejor cómo articular y descubrir en qué piensan, y cuáles son mis sugerencias, y cómo construir un material para entregar que les proporcione un servicio, y resolver lo que realmente les gustaría manejar en su educación."

En qué Fallaron los Entrenadores Anteriores

"Como dije, he trabajado con otros entrenadores en lecciones grupales. He gastado un montón de dinero que realmente no tenía, miles y miles de dólares con entrenadores que eran maestros del mercado que querían pulsar todos los botones y prometerte la luna y las estrellas, si contratabas sus servicios. Asistí a sus programas de entrenamiento *on line*, un montón de seminarios web. Nunca obtuve resultados. Intenté aplicar muchas cosas. Con algunas otras simplemente me rendí porque las veía muy extrañas.

Así que de todos modos, decidí que no iba a trabajar con entrenadores por un tiempo porque no estaba obteniendo beneficios. Me parecía mejor hacerlo por mi cuenta y permanecer más calmada. Y tener menos de mis puntos débiles irritados con un botón presionando para que les diera más dinero. Cuando conocí a Gregory, sabía que quería trabajar con alguien de nuevo, pero definitivamente, quería trabajar cara a cara. Francamente, tenía que ser dentro de un presupuesto realista para lo que soy y lo que hago, en vez de empeñar mi último dólar porque alguien me promete un universo que nunca existiría.

Lo que era diferente esta vez era la enorme atención que me prestaban, no sólo por la estructura de lo que necesito hacer, sino también trabajando conmigo, para encauzar los pasos para definir y descubrir lo que soy y lo que hago.

Fue una experiencia muy interesante porque me preguntó sobre qué hacía. Yo dije, 'Enseño yoga.' '¿Por qué me debe importar? ¿Qué haces en las clases de yoga? ¿Qué haces en Pilates?' 'He estado enseñando durante 30 años.' Yo daba vueltas, tropezaba y tartamudeaba y me sentía como una completa idiota usando palabras que sabía que no expresaban mucho, porque no lo podía definir fácilmente, o describir lo que hago, o cómo lo hago.

Llamo a este proceso 'siendo encaminada por el pantano de la estupidez', porque obviamente estaba siendo definido algo provechoso. Ciertamente tengo un servicio pero no podía encontrar las palabras. Tener tiempo para trabajar en eso no tiene precio.

Eso es lo que los otros entrenadores no hicieron. Te dicen esto y lo otro y luego te dejan. Toman tu dinero, se van y te dejan con tu inhabilidad para aplicar y mucha autocrítica sobre que a lo mejor el problema es que eres simplemente perezosa o muy poco persistente. Los entrenadores anteriores nunca se preocuparon de si el cliente llegaba al otro lado. Solo entregaban los materiales y se largaban. Sin embargo, esta vez obtuve las transcripciones y grabaciones exactas de lo que habíamos recorrido con cada una de las sesiones, y de esa forma pude volverlas a escuchar, verlas, y recoger las pequeñas gemas de oro que estaban enterradas en toda la confusión, y así pude extraerlas y hacerlas mías".

CON LA MIRADA PUESTA EN EL FUTURO

"Ahora tengo a alguien genial manejando el sitio web, porque mi especialidad es desarrollar el producto, entregar el servicio, y trabajar en vivo con las personas. Mi sueño ha sido ser capaz de focalizarme siempre ahí y realmente tengo la mayoría de la mercadotecnia y los aspectos en línea administrados por alguien más, porque esto no tiene que ser lo mío. Tengo que representar lo que soy. Sé que ninguna persona de éxito lo hace sola. Necesitas un equipo. Necesitas gente con quien trabajar, y que sean genios en sus propios campos, y por eso estoy esperando con anhelo continuar con el desarrollo de mi negocio."

Nunca he estado más emocionada con el futuro que le depara a mi negocio".

ESTUDIO DE CASO #5

Aferrarse a la Personalidad en los Nichos Técnicos

CON OLIVIER WAGNER DE *1040 ABROAD*

Olivier Wagner es un gestor de impuestos y consultor extranjero que se especializa en ayudar a los estadounidenses que viven, trabajan, e invierten en el extranjero. Su trasfondo único de inmigrar a los Estados

Unidos y dirigir un negocio mientras viaja por el mundo, le ha permitido concretar su profesión en las áreas del código tributario de los Estados Unidos, que cambian las reglas de acuerdo a estilos de vida y fuentes de ingresos poco comunes. También ayuda a los individuos a conseguir más libertad a través de la renuncia a la ciudadanía, la incorporación extranjera a la banca y otras estrategias poco conocidas, para minimizar legalmente la obligación tributaria. Puede obtener más información sobre el trabajo de Olivier en www.1040abroad.com

Presentación de Olivier

Olivier tiene uno de los antecedentes personales más interesantes que cualquiera con quien haya trabajado, y uno de nuestros objetivos principales de trabajar juntos fue el de encontrar una mejor manera de usar su marca personal a su favor, en una industria muy complicada.

En el momento en el que las personas comienzan a pensar en los impuestos, se tensan emocionalmente. Legalmente están obligados a pagar, y su mayor preocupación es minimizar su carga tanto como sea posible, y asegurarse de que están informados con precisión para poder evitar las consecuencias potencialmente inmensas de no hacerlo. Se convierte en una preocupación aún mayor para las personas que obtienen sus ingresos o pasan mucho tiempo en el extranjero, ya que las formas fiscales son mucho más complicadas, y es muy fácil cometer un error si no estás profundamente familiarizado con el sistema.

Olivier tenía que ayudar a sus clientes a que se dieran cuenta de esto, y tuvo que aprender a usar su propia personalidad e imagen para hacérselo más fácil, a lo que era muy reacio al principio. Su enfoque siempre había estado en las complicadas y fugaces reglas del código de ingresos interno, algo que su mente había absorbido como una esponja de información. Mientras que esto lo volvió increíblemente cualificado para ayudar a su mercado de estadounidenses ubicados en el extranjero, le cegó para ganarse su confianza, y entregar su mensaje de vital importancia de ahorrarles dinero, y a través de un cumplimiento fiscal avanzado mantenerlos fuera de la cárcel.

Trabajando con Olivier, le ayudé a ver que por muy impresionante que fuera su comprensión técnica de las estrategias, que podría utilizar para ayudar a sus clientes a obtener compatibilidad o ahorrar dinero en sus impuestos, iba a necesitar algo más para destacar entre sus competidores que ofrecen cosas similares. Iba a tener que atraer a la gente con su historia personal, y la manera de involucrar a las personas con las que trabaja, y eso significaba que tenía que convertirse en la cara de su propia compañía. Su habilidad técnica serviría entonces para validar los sentimientos iniciales que los nuevos clientes experimentarían, cuando intuitivamente decidieran que Olivier era el tipo ideal de persona para asesorarles con los impuestos.

Olivier tiene ahora un sitio web completamente nuevo y una posición de marca general desde donde promoverse, lo que a su vez le ha permitido duplicar la cantidad de clientes que estaba obteniendo por preparar sus declaraciones de impuestos. También ha ampliado sus servicios para incluir ofertas mucho más sofisticadas, que han aumentado el valor total de los clientes de toda la vida de las personas que trabajan con él de manera significativa. A medida que continuemos trabajando juntos, vamos a encontrar formas más amplias y efectivas de contar sus historias, y ayudar a otros que necesiten su ayuda a darse cuenta de que es el tipo de persona en la que más pueden confiar para ayudarles.

Mientras lees la historia de Olivier, mira su progreso desde el punto de vista de tus propias luchas de negocio. Incluso si no deseas convertirte en una marca personal con tu nombre y tu cara plasmada en cada publicidad, aún puedes adoptar impresionantes medidas de crear personalidad en tu propio negocio.

- ¿Alguna vez te has enfocado demasiado en el valor técnico de lo que ofreces y descuidado el elemento humano? ¿Qué pasos puedes dar para añadir personalidad sin disminuir la experiencia?
- ¿Has hecho lo suficiente para lograr que tu público se dé cuenta de cómo tu especialidad te diferencia de los proveedores genéricos en la misma industria? ¿Qué estás haciendo para mantenerte al frente y educar exactamente a las personas adecuadas que necesitan tu especialidad?
- ¿Tu sitio web y otros materiales de mercadotecnia dicen demasiado? ¿Estás abrumando a tu público con información en vez de invitarlos gentilmente a involucrarse más?

LEE LA HISTORIA DE OLIVIER WAGNER

"Preparo declaraciones de impuestos para ciudadanos estadounidenses fuera de los Estados Unidos a través de mi compañía, *1040 Abroad*. Crecí en Francia cerca de Estrasburgo, siempre quise irme. Cuando llegué a los Estados Unidos primero estudié en Luisiana durante un año, y luego trabajé en finanzas en Nueva York. Me casé con una ciudadana estadounidense. Obtuve mi tarjeta de residencia permanente en Estados Unidos. Obtuve mi ciudadanía estadounidense, y en 2011 me mudé a Canadá. Así que el gobierno Francés me ve como si fuese francés, pero yo me veo como un estadounidense del todo con estos antecedentes internacionales. No soy estadounidense de la forma que otras personas lo son, porque no crecí ahí, pero si inmigré legalmente.

Siento que tengo una mezcla de experiencia única por ser tanto extranjero como estadounidense, y ahora un estadounidense expatriado. He visto todas las caras del espectro, lo que realmente ha dado forma a mi manera de presentarme a las personas con las que trabajo. Esto es importante, porque trabajo con tres tipos de clientes muy distintos que viven fuera de los Estados Unidos y que necesitan ayuda con sus impuestos estadounidenses:

1. Nómadas digitales
2. Expatriados
3. Estadounidenses por accidente

Un nómada digital es básicamente lo mismo que el término 'PT' o 'viajero perpetuo', por sus siglas en inglés. Es alguien que viaja todo el tiempo, y por lo tanto no tiene nada que lo ate a ningún país para convertirse en pagador de impuestos en ese país. Viajan con visados de turista o como mucho con visados de estudiante, y probablemente tienen un negocio en línea. Es genial ganar dinero en línea cuando no eres ciudadano estadounidense, porque no tienes que pagar impuestos en ningún sitio. No tienes que presentar una declaración de impuestos en ningún lugar. No obstante, si eres ciudadano estadounidense sí necesitas presentar una declaración de impuestos igualmente. Así que mi trabajo consiste en ayudarles a averiguar cómo organizarse durante el tiempo de los impuestos, y minimizar lo que tienen que pagar de manera legal.

La mayoría de las personas conocen la *Exclusión de ingresos ganados en el extranjero*, que les permite excluir hasta cerca de cien mil dólares de ingresos extranjeros. También existe una prueba de presencia física, la que significa pasar por lo menos 330 días fuera de los Estados Unidos en cualquier período de 12 meses.

Sin embargo, cuando hablo de expatriados, me refiero a estadounidenses comunes, que viven fuera de los Estados Unidos con un estilo de vida más estable en otro país. Puede que se hayan mudado a Suiza para trabajar en un gran banco, pero aún son estadounidenses. Tal vez terminaron la universidad, y obtuvieron ese excelente trabajo en Suiza. Así que se mudan allí. Abren su cuenta bancaria suiza para recibir su pago, y tarde o temprano se terminan casando con una persona de nacionalidad suiza y teniendo niños.

Los expatriados pagan impuestos en el país foráneo donde viven, lo que les permite usar un crédito de impuestos extranjeros. Ya pagan impuestos en un país extranjero, y probablemente no tienen que pagar ningún tipo de impuestos en los Estados Unidos.

Un estadounidense por accidente es alguien que no se considera estadounidense. Típicamente nacen en los Estados Unidos, por lo que técnicamente son ciudadanos estadounidenses, pero se mudan fuera del país a muy temprana edad. Muchas veces, ni siquiera saben que son estadounidenses. Son felizmente inconscientes de cualquier consecuencia que esto pueda tener.

Este es realmente un riesgo serio al que muchas personas están sujetas, pero ni siquiera son conscientes del peligro. La mayoría de las personas nunca ha oído el término 'estadounidense por accidente' y no saben que puedes ser un ciudadano estadounidense sin siquiera saberlo.

Desde inicios del año pasado, existe una nueva ley que es implementada por los bancos extranjeros. Se llama FATCA, y significa que los bancos ahora identifican cuáles de sus clientes son estadounidenses y remiten el nombre, la dirección y el balance de la cuenta de estas personas al IRS. Luego, cualquiera que tenga un balance de más de diez mil dólares en una cuenta bancaria extranjera en cualquier momento del año, debe declarar un reporte FBAR. Así que cuando el IRS recibe estos datos, intentan cotejarlos con los pagadores de impuestos registrados. La pena por no declarar conscientemente el FBAR podría ser de hasta el 50% del balance del año".

La Importancia de la Especialización en una Industria Dinámica

"La razón por la que ayudo a esta clase de personas es porque un gestor común de impuestos en Estados Unidos, solamente está familiarizado con las leyes de impuestos que se aplican en su país. Así que si vienes de Nueva Orleans o Luisiana y tu gestor de impuestos preparaba tus declaraciones durante los últimos cinco años, y de repente decides convertirte en un nómada digital y abrir cuentas bancarias extranjeras y establecer corporaciones extranjeras, significa que habrá reglas que tu gestor de impuestos anterior no conocerá. Serías su primer cliente con este tipo de situación, y va a tener que aprender muchas cosas para ayudarte a declarar correctamente, y minimizar tu obligación tributaria. Probablemente no sea consciente de que algunos cuestionarios necesitan ser rellenados.

Como nunca antes, más y más personas están renunciando a la ciudadanía estadounidense para evitar todas las complicadas cargas fiscales que se asocian con el territorio. Una parte adicional de mi trabajo es asesorarles sobre la posibilidad de procesos como ese y que completen su renuncia en el caso de que sea lo mejor. Un montón de personas desconocen lo fácil que es deshacerse de su ciudadanía estadounidense.

Otra cosa es simplemente cumplir con los impuestos, porque muchas personas nunca han declarado sus impuestos o no los han declarado en mucho tiempo. Este es un tema muy importante con consecuencias potencialmente muy grandes, y aun así muchas personas no le prestan atención en absoluto porque es abrumador para el común de los mortales. Para algunas personas, es realmente ofensivo incluso abordar el concepto de impuestos".

Convertirse en un Negocio Real

"Anteriormente, mi negocio no era para nada un negocio. Trabajaba para una firma de contabilidad y había comenzado por mi propia cuenta un blog como experto en impuestos internacionales. Me las arreglé para atraer a un abogado que estaba haciendo renuncias a la ciudadanía estadounidense y he estado asociado con él desde que obtuve la mayoría de mi clientela. Escribí un blog muy técnico que gustaba a los profesionales expertos en impuestos más antiguos, este diario mostraba que yo era un profesional en impuestos que conocía su negocio, pero cuando la gente normal lo visitaba, simplemente se dormía por lo complicada y aburrida que era toda la información.

Había comprado mi sitio web a una compañía que se especializaba en sitios web para contables, pero el problema era que parecían trabajar para un tipo de contables para quienes el sitio web es solo una tarjeta de presentación de negocios, más o menos. Sabía que necesitaba algo más si iba a convencer a los desconocidos de que era el especialista en impuestos en el que podían confiar para temas complicados e importantes. Anteriormente había tratado de encontrar soluciones a esto.

Finalmente, supe que era el momento de ponerme serio, y reinventarme con una nueva presencia web, y también crear una estrategia de marketing y una identidad de marca más fuertes, para lograr que la gente viniera a mí. Trabajamos para crear mi sitio web y generar conexiones, recolectar correos electrónicos personales, contactarlos, seguirlos, ofrecer descargas en PDF y cosas así. Algo que siempre quise hacer. Simplemente no sabía cómo unir todas las piezas. He leído artículo tras artículo sobre marketing, pero sinceramente no era capaz de ponerlo en marcha. Sé muchas cosas, pero no sé cómo usarlas y eso me mantuvo estancado por un tiempo.

Comunicar más Claramente y Expandir los Servicios

"En realidad tenía dos grandes problemas. Primero, mi mensaje era demasiado complicado. No estaba hablando con mi público real, incluso sabiendo quiénes eran y qué necesitaban. Hablaba de una forma que les impactaba poco. Segundo, no sabía cómo usar las herramientas adecuadas para ofrecer ese mensaje, que es lo que estoy haciendo ahora que tengo un mensaje mucho más limpio y fácil de entender. Para mí, esto va más allá de simplemente las palabras que utilizo en persona o en mi sitio web. Se trata de la personalidad que puedo mostrar y con la que puedo destacar en mi industria.

Para mí el futuro es tratar de conseguir más trabajo para generar más ingresos. El sueño es poder externalizarlo con otros contables y ser capaz de crear casi completamente ingresos pasivos, pero por ahora quiero ocuparme en dar a conocer mi mensaje.

También quiero expandir mis servicios y el valor que proveo más allá de simplemente rellenar declaraciones de impuestos. Tengo la mirada puesta en el área de la incorporación, hacia declaraciones para no residentes, y entonces poder proporcionar entradas para tarjetas de residencia permanente en los Estados Unidos. Puedo ofrecer muchísimo asesoramiento sobre cómo vivir como expatriado. Todo, desde servicios de buzón de correos en los Estados Unidos, incluso hasta dónde puedes todavía enviar localmente tus correos y más. He sido expatriado, en cierto sentido, desde 2004, pero he sido un expatriado estadounidense desde 2011.

Al final, estoy en una posición de servir en muchos aspectos para ayudar a las personas a ser mejores expatriados, mejores nómadas digitales y a vivir internacionalmente más allá de solamente los impuestos de las cosas. Una vez que les haya ayudado con eso, hay un montón de necesidades más que podría cubrirles. He sido banquero fuera de los Estados Unidos. He tenido carnet de conducir. Incluso puedo ofrecer sugerencias sobre cómo obtener estatus de inmigrantes en otros países. Esta ha sido una parte importante de la expansión de mi identidad de marca

Muchas personas trabajan en una industria donde están atrapados por la naturaleza específica y altamente técnica de lo que hacen. Se les hace realmente difícil hacerse un nombre, porque la especialidad en la que están en muy complicada, y no saben cómo comunicar lo importante que es lo que hacen, o por qué alguien debería querer trabajar con ellos.

Mi consejo es que necesitas encontrar a quien entienda eso. Al igual que me pasó a mí, las personas no comprenden el sistema tributario internacional como ciudadanos estadounidenses, así que acuden a mí. No entiendo la identidad de marca de esta forma, así que busco a las personas que puedan ayudarme a descubrirla y a preparar mi plataforma de mensajes. No tengas miedo de probar cosas nuevas o de crecer en nuevas direcciones, porque así es como obtienes resultados que no podrías haber obtenido con lo que hacías anteriormente".

SECCIÓN V

Recursos para Futuros Emprendedores

Introducción a Los Recursos para Futuros Emprendedores

La pregunta eterna sobre cómo hacer dinero ha obsesionado a la humanidad desde que el dinero ha existido como un medio de intercambio. Los que no lo tienen, lo quieren. Los que lo tienen, quieren más. El principal error que cometen quienes fracasan, es el de aceptar que el dinero fluye de una vida a otra a través del destino o de circunstancias que escapan a su control. No es terriblemente difícil entender cómo y por qué el dinero cambia de manos, y tomarte un tiempo para consolidar estos fundamentos en tu cerebro, te ayudará en cualquier negocio que empieces, o en el acceso a cualquier nivel profesional.

Tal vez no estás en una época en la que tienes un pequeño negocio que mantiene tu estilo de vida. Tal vez ni siquiera tengas tu primera gran idea emprendedora para un producto o servicio revolucionario. Es habitual que la motivación inicial para dirigir tu propio negocio sea solo el deseo de dejar atrás tu vida laboral, y hacer dinero bajo tus propios términos. O a lo mejor eres muy joven, como yo lo fui, y no tienes un verdadero camino de carrera por abandonar, pero sabes que quieres tener el control de tu propia vida.

Ya hay toneladas de recursos en la web de personas que han aprendido a construir un negocio o compañía independiente en línea. Sin embargo, sus consejos normalmente pertenecen a temas más técnicos de gerencia, que solo tienen sentido para alguien que ya está dirigiendo un negocio funcional. La persona sentada en ese cubículo con aspiraciones de escaparse no necesita saber cómo doblar sus seguidores en Facebook. Necesita aprender los axiomas de hacer dinero por su cuenta.

De hecho, los novatos de los negocios probablemente se desanimen si solo reciben consejos que están mucho más allá de su entendimiento actual. Hubo muchas veces durante mi variado auto aprendizaje en las que me quedaba pensando: "Bien. Entonces, ¿qué hago ahora con esa información después de leer una extensa publicación en un blog o escuchar a un "experto" establecido?" La brecha informativa entre las personas que lo hacen y las que quieren hacerlo, es simplemente, demasiado grande.

LOS AXIOMAS DE HACER DINERO

Aunque tengas 16 ó 60 años, necesitas que estos sean la base de tus acciones, si quieres triunfar con cualquier idea de negocio. Existen solamente tres maneras en las que una persona puede adquirir más dinero:

1. Robándolo
2. Pidiéndolo
3. Ganándolo

Son demasiado fáciles de entender. Robar es cuando te apropias de dinero sin el permiso de su dueño. Esto puede ser tan simple como el hurto en un callejón, o tan elaborado como la creación de empresas falsas, respaldadas por falsas promesas de entregar grandes cantidades de valor, pero nunca cumplirlas. He vivido un montón de experiencias como víctima de ambas variedades de robo.

Pedir dinero es un poco más inocente, pero difícilmente más admirable que robar. Pedir es cuando tratamos de simpatizar con otros, y lograr que nos den su dinero sin ofrecer nada a cambio. Su única recompensa es una fugaz sensación de auto justicia o de alivio de culpa. Mientras que la transferencia puede ser voluntaria, no ocurre un intercambio de valor repetitivo, escalable ni sostenible. Las acciones sin ánimo de lucro y caritativas necesitan cuidarse de no caer en las donaciones genéricas.

El ganar dinero ocurre cuando se ofrece algo de mayor valor subjetivo a cambio de la cantidad de dinero recibida. El valor es ofrecido como productos y servicios, o cosas y acciones que entregan un resultado específico. Esto es obviamente en lo que nos queremos focalizar como emprendedores y como seres humanos filantrópicos en general. El progreso medible solamente puede ser logrado cuando el enfoque se aleja de robar o pedir dinero y por el contrario, se pone en ganarlo.

Dar Forma y Estructura a una Idea

En su forma más básica, ganarse la vida significa negociar una hora de tu vida a tu empleador por un salario fijo. Sin embargo, a menos que te conviertas en doctor o abogado, existen estrictos límites monetarios en este simplísimo modelo de ingresos de tiempo por dinero. La estructura te permite tomar un concepto valioso y magnificar exponencialmente su influencia y ganar potencial. La estructura te permite apalancar tu tiempo, y por ende ganar cantidades de dinero más y más altas por el mismo nivel de entrada. Puedes incluso configurar una estructura que funcione casi o completamente independiente de ti, ganando ingresos pasivos constantes.

No necesitas un negocio formal para empezar a hacer dinero independientemente o darle forma a una valiosa idea básica. Así es cómo cualquiera con una buena idea puede empezar a hacer al menos, un poquito de dinero desde el primer día de implementación:

1. Crea algo de valor, ya sea un producto o servicio.
2. Identifica el tipo de persona que más lo necesita.
3. Compáralo con soluciones similares en cuanto a función, mensaje y precio.
4. Descríbelo de manera concisa, incluyendo lo que hace, cómo funciona, para quién es y lo que lo hace único.
5. Descubre cómo hacer llegar el mensaje a las personas que más lo necesitan.
6. Toma su dinero, y entrégales el producto o ejecuta el servicio a cambio.

Es simple al principio, pero se vuelve más complejo cuanto más grande es tu idea y cuanto más intentas expandirla. Para crear un producto o servicio más complejo, necesitas identificar fabricantes y proveedores que puedan proporcionar todas las diferentes partes que necesitas, a un precio significativamente más bajo de lo que puedas cobrar por el producto terminado. Estos son tipos de negocios que comúnmente toman tiempo y una cantidad justa de capital inicial para comenzar. Es posible que no vean un retorno rentable durante meses o años y por ende, no son atractivos para nuevos emprendedores que empiezan desde cero.

Si no estás en una posición de generar ganancias desde el inicio que puedas reinvertir dentro del negocio, puedes buscar la inyección de dinero de un inversor a cambio de alguna participación en la compañía, o una regalía instantánea de todo lo vendido.

El Rol de un Emprendedor

Como emprendedor, tu trabajo es mantener todo el negocio unido, y planificar su futuro. Al inicio de tu primer negocio, tú y cualquier otra persona que esté en tu equipo de fundadores probablemente estén haciendo la mayoría de las tareas por sí mismos; desde la producción, a la distribución, a las ventas y marketing. A medida que creces, deberías empezar a confiar en la tecnología y en otras personas para que manejen las tareas que no requieran de tu intervención directa. Al mismo tiempo, podrás estructurar tu negocio de tal manera que te quedes sólo con las actividades para las que estás más cualificado. Es ahí cuando empiezas a hacer más y más dinero por mucho menos trabajo del que probablemente hayas pensado.

El rol ideal de un fundador es el de maestro de la estrategia y corazón de la compañía. Aun así, la mayoría de los directores ejecutivos y otros líderes terminan asumiendo el rol de cubre huecos. Contratan empleados especializados para que se encarguen de las funciones más importantes como mantener el negocio en marcha, pero inevitablemente surgen pequeños inconvenientes, y es responsabilidad del jefe hacerse cargo de estos. Es habitual que los fundadores se encuentren atrapados rellenando los espacios desde la dirección de su compañía, y quedarse sin tiempo para implementar nuevas estrategias y probar nuevas ideas. A menudo, la persona que debería estar pendiente de las actividades de más alto nivel, es relegada a trabajo ocupado o de mantenimiento. Esto no es gratificante emocionalmente, y es potencialmente letal para tu negocio.

Como líder de tu negocio, tu tiempo es el activo más valioso que tienes. Cuando tienes confianza en el valor de tu propio tiempo, te das cuenta de lo importante que es delegar las tareas que pueden hacerse al mismo nivel de calidad por alguien más, a un precio razonable. Trabaja para convertir las actividades diarias de tu compañía en procesos que puedan ser delegados en otras personas. Simplifica lo que haces cada día e identifica las formas en que tus actuales empleados malgastan esfuerzos y recursos. Todo lo que se necesita es una mente sintonizada con la eficiencia en todas las cosas, para convertir un negocio funcional en una máquina ampliable que produzca ganancias.

La Reputación, las Relaciones, y la Moral

Un negocio exitoso es definido por las relaciones, y esas relaciones son forjadas gracias a las reputaciones de los individuos o entidades involucradas. Tu reputación como emprendedor individual es el inicio informal de tu identidad de marca oficial. Cualquiera que no exista en un vacío social tiene una. Es la percepción que los demás tienen de ti y la posición de inicio elevada que las nuevas conexiones están dispuestas a concederte con base en lo que otros les han contado sobre ti.

Las reputaciones pueden ser acertadas o completamente fabricadas. Las mejores son forjadas de forma orgánica a través de interacciones reales con otros, lo que les hace libres para formarse su propia opinión positiva sobre tu personaje y tus habilidades. Esto es con mucho, un tipo de impresión positiva más fuerte que cualquiera que puedas crear hablando de ti o engañando a otros para que piensen de cierta forma sobre ti.

La confianza viene por dos vías, y ambas son extremadamente importantes. El primer tipo de confianza se relaciona con tu competencia. Si alguien va a darte de buena gana la autoridad para realizar una tarea habilidosa o aconsejarle en un campo de conocimiento especializado, tiene que creer en que sabes lo que haces. Todos lo hacemos muchas veces todos los días. Cuando te embarcas en un avión, estas implícitamente aceptando que confías en el piloto para que te lleve a tu destino de manera segura, y que no intentarás apoderarte del avión porque no sabe lo que está haciendo.

Las personas más talentosas y eruditas tienden a volverse muy conocidas en sus campos. Malcolm Gladwell apodó a estas personas como *mavens* en su libro, *The Tipping Point*, y muchas de estas se convierten eventualmente en sinónimos de un campo entero de conocimiento o una rama de trabajo cualificado. Michael Jackson era el rey del pop. Richard Dawkins es conocido sarcásticamente como uno de los cuatro jinetes del ateísmo moderno (y autoridad reconocida en la evolución). David Wolfe es el rostro de las tendencias de comidas crudas saludables. ¿Las personas confían en tu competencia en tu campo elegido?

El segundo tipo de confianza tiene que ver con la moralidad. Se trata de la voluntad de una persona de engañar o dañar a otro a través del uso de la fuerza física o el fraude psicológico. Los emprendedores no pueden sobrevivir si se rodean con gente que les pueda robar o mentir sobre información importante. No puedes forjar una relación significativa con alguien dispuesto a coger lo que quiera de ti contra tu voluntad, o engañarte para que hagas algo en contra de tu propio beneficio.

Simplemente de la manera en que los individuos construyen una reputación para competir en un dominio específico, también pueden construir una para su personaje moral. Estas reputaciones son construidas demostrando habilidad y carácter de primera mano, y confiando en el testimonio de otros que personalmente han sido testigos de esto. Cuando alguien más atestigua por ti públicamente, están entrelazando su reputación con la tuya. En cualquier momento que falles en cumplir con los estándares de la reputación que te precede, puedes también derrumbar a todos los que alguna vez se hubiesen asociado voluntariamente contigo.

Mientras más desarrollado está un negocio o una sociedad en general, más importante se vuelve el rol de la competencia y la reputación del carácter. Podrías ser la persona más brillante, talentosa, honesta y generosa del planeta, pero si nadie conoce la importancia de eso, no serás muy bueno en los negocios. Todos deben aprender dónde está la línea que divide ser humilde con respecto a sus propios atributos positivos, pero tampoco esconderlos del mundo.

La moralidad total es la única elección lógica para alguien que quiere hacer crecer seriamente un negocio y vivir una vida con sentido. Una persona inmoral tiene la oportunidad de mejorar su vida solamente a corto plazo. La gente con ética está incentivada para mantenerse alejada de ellos por su propia seguridad. Por un largo periodo de tiempo, ocurre una segregación natural entre quienes actúan honestamente y quienes engañan intencionalmente. Quienes poseen dinero tienen un montón de incentivos para no dejar que nada de este caiga en manos de farsantes. El análisis del personaje y la reputación se convierten en habilidades vitales de supervivencia en este ambiente.

Las personas éticas saben que hay mucho más que ganar construyendo una reputación como una buena persona que siendo un estafador, que se aprovecha de los demás por ganancia personal. Busca relacionarte con personas rectas, y ellas te buscarán de la misma manera. Si la gente percibe que no pueden confiarte pequeñas responsabilidades, probablemente no te darán grandes responsabilidades.

Si eres el tipo de persona que siempre dice mentiras piadosas o llegas tarde a tus compromisos, estos aparentemente inofensivos pecados pueden ser responsables de hacerte perder oportunidades que nunca hubieras imaginado. Solo porque nunca te hayan mencionado directamente tus indiscreciones menores, no significa que no se den cuenta y lo recuerden. La pérdida de tu reputación es el precio que pagas por las ventajas momentáneas de un comportamiento perezoso o inmoral.

224 | *Desarrollando la Identidad de la Marca*

En la introducción hablé sobre una mujer que había contratado para que me ayudara a producir un manuscrito para este libro, y venderlo hasta el estatus de *BestSeller* en Amazon. Cuando falló en producir los generosos resultados por los que me dijo que pagara, tuvo todas las oportunidades de hacer una restitución simplemente admitiendo el error y devolviéndome mi dinero. Incluso le ofrecí que donara todo el monto de mi compra a un grupo educativo sin ánimo de lucro si se sentía más cómoda haciendo eso que devolviéndome directamente el dinero. En vez de eso, eligió eliminar todo contacto conmigo y rechazó cualquier obligación de entregar lo que había prometido.

La pude haber llevado por reclamos menores en los juzgados para recuperar los cinco mil dólares que pagué, y potencialmente incluso más como resultado de los inmensos retrasos que padecí. En vez de eso, elegí compartir públicamente esta extremadamente negativa experiencia de trabajar con ella. Debido a que compartíamos muchas contactos mutuos, experimentó una enorme caída en su reputación profesional. Poco después me contactó mucha gente que me agradeció haberles hecho saber sobre su comportamiento inmoral y fraude profesional, y de esa forma supieron que no debían trabajar con ella como habían planeado inicialmente.

A la larga sin duda, perdió mucho más que cinco mil dólares en los negocios, como resultado de la ganancia a corto plazo por haberme timado. Ese es un estigma que le perseguirá por el resto de su vida profesional. Para tener cualquier éxito sostenible como emprendedor, debes proteger tu reputación y tu marca a toda costa.

No tengas miedo de adoptar la moralidad como un principio absoluto en tu vida. Sé honesto con la gente que conoces. Salte de tu camino para ser justo y serio con otros, incluso si esto significa una disminución momentánea de tus propias circunstancias en la vida. Los individuos de alta calidad advierten este comportamiento en otros, y responden a él de manera apropiada. Te dejarán entrar en sus vidas, y te ofrecerán mejores oportunidades para colaborar.

Cuando te equivocas y le fallas a otra persona, es tu responsabilidad revertir los efectos negativos de tus acciones. La mayoría de la gente está dispuesta a perdonar una primera ofensa si es menor, y si queda claro que todo se intenta restituir. Las personas buenas generalmente quieren ver a los demás convertirse en gente buena también, y te darán la oportunidad de probarte a ti mismo si pareces sincero en tu búsqueda por recuperar una digna posición moral.

De igual forma, no tengas miedo de juzgar correctamente el personaje de otros. Lee su lenguaje corporal y su estilo al hablar. Aprende a detectar inconsistencias, vaguedades intencionadas y mala orientación. Cada una de estas cosas son una bandera roja para lo que luego se podría convertir en un problema serio, costándote una enorme cantidad de dinero y tiempo. Monitoriza lo bien que se comunican contigo en temas simples, incluidas las veces que omiten información relevante. Observa cómo siguen a través de promesas o si asumen demasiada responsabilidad.

Cuando puedas observar todas las relaciones humanas desde este punto de vista, estarás listo para empezar a intercambiar y colaborar con otros, que están dispuestos a darte lo que necesitas para llegar a donde quieres llegar. Nadie lo logra solo.

APÉNDICE 1

Definición de Términos Empresariales

Si aún no eres emprendedor, podría parecer que iniciar tu propia compañía puede simplemente ser demasiado complicado. Cada nuevo reto aparece de esa forma al principio. Probablemente hayas leído un montón de términos nuevos o hayas visto viejos términos utilizados de formas diferentes. Existe incluso cierto desacuerdo entre los profesionales con respecto a lo que significan exactamente estas palabras. Me gustaría definir cómo son usadas dentro del contexto de este libro.

CLIENTES POTENCIALES

Un cliente potencial es cualquier público objetivo de tu negocio que muestra un genuino interés en comprarte. Están muy cerca de tomar una decisión de compra, tan pronto como se les presente la información o la motivación que les empuje a completar la venta. "Muerto", "frío", "tibio" y "caliente" son términos usados para describir lo cerca que está un cliente potencial de completar una compra.

COMPROMISO

El compromiso es lo que ocurre cuando tu público se preocupa lo suficiente por lo que les dices, de manera que escuchan y actúan en respuesta a tu mensaje. Es la meta de todas las formas de ventas y mercadotecnia (marketing). Se puede crear compromiso presentando a tu marca y sus productos de una forma identificable, atractiva para un valor fundamental o a una fuente más importante de dolor o placer.

CUALIFICACIÓN

La cualificación es el proceso mediante el cual se determina si un cliente potencial tiene o no el problema que tu producto/servicio soluciona, así como los medios para adquirirlo. Este proceso está hecho por tu bien y por el de tu público, para ahorrar tiempo y asegurar satisfacción con la venta. Cuando un cliente o *prospect* ha sido cualificado y ha mostrado interés, entonces es considerado un cliente potencial y debe ser persuadido para cerrar una venta.

Identidad de Marca

Tu identidad de marca es la interpretación colectiva que tu público mantiene de tu negocio. Si te comercializas como un experto en un tema, tu identidad de marca es lo que ellos piensan de ti como individuo. Para los negocios más pequeños, esto incluye la creación de un nombre acompañado de una serie de imágenes visuales y mensajes verbales que transmiten una función y una personalidad específicas.

Llamada a la acción

Una llamada a la acción es la parte de cualquier proceso de ventas en el cual se le solicita a tu público que tome una decisión o haga algo que de otra manera podría no haber llevado a cabo. Es el objetivo principal de lo que tu promoción de venta o pieza de marketing busca. Podrías estar tratando de generar más suscriptores para tu lista de correo o cerrar una venta de un producto determinado. Sea lo que sea, necesitas ser claro sobre hacia dónde diriges a tus clientes potenciales o *prospects*.

Mercadotecnia (marketing)

La mercadotecnia o marketing es el acto de hacer que más personas sean conscientes de la existencia de un producto, servicio, o marca. Habitualmente conduce directamente hacia las ventas, y a menudo ambas cosas pueden ser casi indistinguibles debido a que suceden en un proceso rápido.

Moralidad

Una acción moral es aquella que no involucra forcejeo o engaño. Es cualquier clase de colaboración voluntaria e informada entre dos partes. En el contexto de los negocios, significa cumplir con

230 Desarrollando la Identidad de la Marca

cada afirmación sobre lo que tus productos y servicios pueden hacer, y cumplir con las obligaciones que estableciste para tus alianzas con otras organizaciones.

NARRATIVA

Las narrativas son formas en las que estructuramos la información para hacerla más significativa, relacionable y notable. En los negocios, significa describir tu marca, empleados y productos como una experiencia con efectos específicos para tu cliente, en lugar de una lista de características y adjetivos estáticos. La narrativa de tu marca es una historia, no una compilación de información.

OBJECIONES

Las objeciones de compra son cualquier motivo que tenga un *prospect* para no completarte una compra. Las objeciones legítimas son aquellas que les incapacitan para obtener todo el valor de lo que vendes (como la falta de fondos o falta de necesidad). Las objeciones no legítimas son falsas excusas y dudas emocionales que interrumpen una decisión beneficiosa.

PRODUCTO

Un producto es un método físico de entregar un tipo específico de valor de una manera definible y repetible. Los productos pueden ser de naturaleza informática, como libros y vídeos, o pueden ser herramientas funcionales como martillos, automóviles, y ropa. Algunos productos separados con un tema similar o una función complementaria, también pueden ser agrupados y vendidos como un producto colectivo, a veces referido como un paquete.

Producto Mínimo Viable (MVP)

Tu producto mínimo viable es la trasferencia completa más fácil y (a menudo) más pequeña que puedes ofrecer a tu público. Significa presentar la menor cantidad posible de obstáculos y objeciones para que una nueva persona empiece a hacer negocios contigo. Los MVP son habitualmente liquidados o vendidos más adelante de forma cruzada dentro de ventas más grandes, o utilizados como una manera de obtener información de contacto para mercadotecnia continua.

Propuesta Única de Ventas (USP)

Tu Propuesta Única de Ventas es lo que distingue el valor que ofreces del de otros en tu misma especialidad. Se puede aplicar a tu marca (como la calidad del servicio al consumidor, relación precio-calidad, o la personalidad de marca en general), o simplemente a un producto específico (como solucionar un problema específico mejor que cualquier otro producto). Las USP efectivas mezclan muchos elementos distintos dentro de una experiencia de cliente única.

Candidato

Un candidato (en inglés *prospect)* o también público objetivo es cualquier persona que encaje con la descripción básica de tu audiencia. Hasta que no sepas más sobre ellos y los pongas dentro del proceso de cualificación, deben ser considerados de baja importancia, y no debes dedicarles mucho tiempo o recursos monetarios. Una gran base de datos de *prospects* puede filtrarse en listas de mejor calidad, y a veces cierto porcentaje pasan de estar de sólo cercanos a comprar, a convertirse en clientes.

Prueba de Concepto

La prueba de concepto es cualquier cosa o hecho que demuestra a tu público que las afirmaciones que haces son verdaderas. Puede ser tan sutil como mencionar ejemplos reales sobre cómo tu producto ha beneficiado a otras personas en situaciones semejantes a las de tus candidatos. Puede ser tan obvia como la demostración en vivo de un producto.

Audiencia

Tu audiencia es el grupo de personas que más probablemente encuentren gran valor en tus productos y servicios. Mientras más específicamente hayas estructurado tu propuesta de valor y tu identidad de marca, más específico será tu público. El propósito de tener una audiencia es el de poder enfocarte en tu estilo de comunicación, marketing y ventas a personas en las que tendrán el mayor efecto.

Servicio

Si un producto es un nombre o una cosa, un servicio es un verbo o una acción. Es la labor cualificada realizada por un actor para entregar un resultado determinado. También puede ser informativo o funcional, variando desde clases de piano privadas hasta reparaciones automotrices. Al igual que los productos, también pueden ser empaquetados como un servicio colectivo con una meta específica.

Servicio Comercializado

Un servicio comercializado es lo que sucede cuando las acciones cualificadas se estructuran de forma definible y reproducible, y luego son presentadas como bienes fijos. Son necesarios para que los proveedores de servicios pasen de cobrar por el tiempo que gastan ejecutando un servicio, a cobrar por la entrega de un resultado específico. Llevar tu automóvil para un cambio de aceite trae usualmente asociado un costo fijo para el trabajo y para los productos involucrados.

Valor de Cliente de Toda la Vida

El valor de cliente de toda la vida es la suma total de todo lo que el cliente promedio gasta contigo una vez que se convierte en tu cliente. Esta es una cifra muy útil para la perspectiva a largo plazo para hacer crecer tu negocio, o para planificar el uso de productos mínimos viables, ventas cruzadas y ventas complementarias.

Valor o Propuesta de Valor

El valor es cualquier cosa que lleve a un individuo a un estado de felicidad subjetiva más alto. Depende de las metas auto definidas de una persona. Un producto es más específicamente capaz de entregar felicidad cuanto más valor tiene. Una propuesta de valor es una afirmación específica sobre el efecto que tus productos o servicios pueden tener en los clientes. Es el resultado de usar lo que vendes, no los rasgos del objeto u acción.

Valores Fundamentales

Los valores fundamentales son los patrones de cambio que determinan las acciones de una persona. Son los ideales que causan los mayores estados de felicidad e infelicidad. Son también las formas principales en las que la gente formula su identidad. Las identidades de marca también se forjan con los valores fundamentales de los fundadores de las compañías. Están reflejados en sus mensajes y crean un compromiso único para un público específico.

VENTA

Las ventas son el acto de demostrar a un cliente potencial cualificado, que un producto o servicio proporcionará una cantidad de felicidad más grande, que cualquier cantidad que se pierda en el proceso de uso del mismo. Una venta está completa cuando un individuo informado ha tomado la decisión de intercambiar su tiempo y dinero, o cualquier otra cosa requerida para llevarla a cabo.

VENTA COMPLEMENTARIA

La venta complementaria ocurre cuando una venta exitosa viene acompañada de una compra adicional de algo relacionado con lo primero. Una venta complementaria es algo que comúnmente pudiera haber tenido poco valor sin la compra inicial, como fundas para asientos de un automóvil recién comprado (puesto que no necesitas cubiertas para asientos si no tienes los asientos gastados). Mejora o sustituye la compra inicial. Es lo contrario de las ventas por debajo, las cuales envuelven algo de menor valor.

VENTA CRUZADA

La venta cruzada es similar a la venta complementaria, excepto que la venta inicial es utilizada para promocionar otras ofertas las cuales complementan, pero no reemplazan la orden original. Si alguien te compra una camiseta, es razonable asumir que también necesiten pantalones y medias. Cuanto más fuerte es el tema que enlaza tus ofertas, más fácil será hacer la venta cruzada, ya que cualquiera que encuentre valor en una es muy probable que encuentre valor en otras.

APÉNDICE 2

50 Preguntas Inciales Útiles para Nuevos Emprendedores

PREGUNTAS PARA ROMPER VIEJOS HÁBITOS

1. ¿Cómo estás de contento con tu estilo de vida actual? ¿Te sientes realizado, o estás buscando algo más significativo o emocionante?

2. ¿Cuáles son los puntos sensibles más importantes con los que actualmente estás lidiando en tu vida? ¿Durante cuánto tiempo han sido un factor?

235

3. ¿Te sientes sofocado con las convencionales expectativas de las personas que te rodean?

4. ¿Qué pasos has dado para sobrellevar estos obstáculos? ¿Cuánto éxito has tenido?

5. ¿A largo plazo, qué ambiciones has abandonado porque nunca sentiste que era el "momento perfecto"?

6. ¿Qué patrones sociales o emocionales de tu pasado evitan que adoptes el estilo de vida que realmente quieres?

Preguntas para Encontrar tu Inspiración Emprendedora

7. ¿Cuáles son los valores más intrínsecos que guardas?

8. ¿Qué es único o poco común en ti?

9. ¿Alrededor de qué talentos, intereses, o experiencias te gustaría construir tu nuevo negocio o carrera?

10. ¿Cuáles son las preguntas más importantes que la gente hace sobre tus pasiones? ¿Cuáles son los problemas más grandes que necesitan resolver?

11. ¿Cuáles sientes que son tus fortalezas y habilidades profesionales? ¿Y tus debilidades?

12. ¿Cuál es la visión o información más valiosa que puedes ofrecer al mundo?

13. ¿Cómo contribuye este nuevo tipo de trabajo al estilo de vida que realmente quieres? ¿Cómo sabes que simplemente no terminarás otra vez en el lugar donde te encuentras ahora?

14. ¿Tienes alguna influencia activa en tu vida que te motive y te respalde a través de tus metas de estilo de vida no convencional?

Preguntas para Determinar la Logística del Estilo de Vida

15. ¿En la actualidad Cómo te mantienes financieramente? ¿Estás feliz con la cantidad de dinero y el tipo de trabajo que desempeñas?

16. Si renunciaras a tu trabajo mañana, ¿cuánto tiempo podrías vivir cómodamente sin agotar tus ahorros por completo?

17. Hacer crecer tu negocio va a requerir un montón de tu tiempo y posiblemente también de tu dinero. ¿Cuánto tiempo y dinero puedes invertir actualmente en el desarrollo de tu negocio?

18. ¿Es la primera vez que intentas tener un negocio? ¿Tienes otra experiencia relevante?

Preguntas para Optimizar un Negocio Incipiente

19. ¿Cuál es la meta de tu negocio? Describe su estado ideal y tu rol dentro de él.

20. ¿Personalmente, cuánta influencia social tienes? ¿Y tú marca?

21. ¿Actualmente, qué es más importante para ti: generar rápidamente ingresos o un crecimiento de tu marca a largo plazo?

22. Si tu negocio se duplicara mañana, ¿estarías preparado para manejarlo? ¿Podrías cumplir con todas las órdenes y mantener todo funcionando ligeramente? ¿Y si se triplicara o cuadruplicara?

PREGUNTAS PARA ENCONTRAR LA NARRATIVA DE TU COMPAÑÍA

23. Háblame de los valores intrínsecos de tu(s) producto(s) (es decir, ¿qué problema práctico resuelven?).

24. Háblame del valor emocional de tu(s) producto(s) (es decir, la forma en que hacen sentir a las personas y a los valores que representan).

25. ¿Qué es único o poco habitual en tu negocio comparado con otros en la misma industria?

26. ¿De dónde viene la inspiración para el negocio?

27. ¿Cuáles son las personas que tienen más probabilidades de comprarte? Descríbelos tan bien como te sea posible.

28. ¿Es tu marca personal como fundador una parte importante del atractivo de tu negocio? ¿Quieres que lo sea?

29. ¿Qué información valiosa puedes proporcionar a tu público sobre los valores por los que tu negocio existe?

30. ¿Qué otras industrias o compañías conoces que pudieran beneficiarse de tu(s) producto(s) y narrativa? ¿Cómo podrías beneficiarte de esas compañías?

PREGUNTAS PARA DESARROLLAR PRODUCTOS Y SERVICIOS

31. ¿Cuál es el producto/paquete que estás promocionando como tu oferta introductoria?

32. ¿Qué otras ofertas quieres promover de manera cruzada o complementaria con este?

33. ¿Cómo complementan o mejoran estas ofertas adicionales a tu oferta inicial?

34. ¿Qué hace que tu oferta sea única e irresistible comparada con otras de la misma clase?

35. ¿Qué cualifica a un *prospect* para obtener un enorme valor de tu oferta?
36. Haz una lista con todos los posibles puntos sensibles que tu oferta puede solucionar.
37. ¿Cómo reduces o eliminas el riesgo en los compradores al adquirir estos productos?

Preguntas para Cualificar Candidatos

38. ¿Qué puede evitar que una persona obtenga todo el valor posible de tu oferta?
39. ¿Con qué requerimientos tienen que cumplir para ser realmente capaces de comprar?
40. ¿Qué objeciones previsibles puede tener alguien para comprar tus productos, incluso si están calificados?
41. ¿Qué producto o servicio usan actualmente la mayoría de las personas para cumplir con el mismo rol que el tuyo?
42. ¿Cuál es su experiencia previa adquiriendo este tipo de producto?

Preguntas para Descubrir las Métricas de tu Compañía

43. ¿Cuántas unidades venderás cada mes?
44. ¿Cuál es el precio promedio por producto?
45. ¿Cuál es la orden total promedio?
46. ¿Cuáles son tus márgenes de ganancia?
47. ¿Cuánto dinero gastan tus clientes en compras repetidas? (valor de cliente de toda la vida)
48. ¿Qué productos vendes más o menos?
49. ¿Cómo adquieres nuevos clientes? ¿Cuántos nuevos candidatos al mes?

50. ¿Cómo te mantienes en contacto con los clientes que hay? ¿Cuán a menudo?

APENDICE 3

Ganar Dinero en Línea

Cómo hacer dinero en línea es una pegunta que me hacen con mucha frecuencia. De hecho, probablemente sea el sueño más grande de quienes continúan estancados en trabajos corporativos. Para los mal informados, Internet representa una nueva frontera que cambia las reglas del juego, para generar dinero haciendo lo que te apetece. Esta es una creencia con muy poco recorrido, y este tipo de mentalidad de "hacerse rico rápido" es lo que detiene a muchas personas de fundar una base sólida.

A pesar del furor moderno, hacer negocios en línea no es fundamentalmente distinto a hacer negocios fuera de la red de redes.

Internet simplemente ofrece un lugar nuevo y en rápida evolución para promover y manejar tu negocio.

Lo que Internet NO es:

- Un botón mágico para generar dinero por poco o ningún trabajo.
- Un atajo o sustituto para construir un modelo real de negocios o crear valor real.
- Una moda pasajera para los negocios.
- Algo que requiere un nivel de habilidades altamente técnicas que solo los genios y *geeks* pueden aprender.

SITIOS WEB

Los sitios web solían ser muy difíciles y costosos de construir. Ahora, existen plataformas que te permiten hospedar y mantener un sitio web básico de forma gratuita, o uno más dinámico por una pequeña cuota mensual. Wix, Weebly, y Squarespace son algunos de los creadores de sitios web sencillos más populares con funcionalidad de arrastrar y soltar para quienes no son diseñadores. Wordpress es un sistema popular de manejo de contenido con excelente libertad en diseño y función, pero que también es más complicado de usar. Estas y otras herramientas, hacen iniciar un sitio web profesional de manera muy asequible y fácil para la mayoría de los negocios.

Tu sitio web es simplemente una representación interactiva de tu negocio. Por lo menos, debería comunicar los productos o servicios que ofreces, los valores que representas y una forma muy sencilla de empezar a comprarte. Los más básicos son esencialmente folletos informativos o tarjetas de negocios magnificadas, con el único propósito de hacer que un visitante te llame o te envíe un correo electrónico. Un sitio web también puede ser un portafolio de trabajo completo, con una tienda de comercio en línea próspera con la oferta de muchos productos, un carrito de compras, y capacidades de procesamiento de pagos. Cuando la mayoría de las personas se queja sobre construir o diseñar un sitio web, realmente se quejan de no tener una visión clara de cómo debería exhibirse su negocio.

Tu sitio web necesita al menos una pequeña cantidad de contenido escrito y otros medios de comunicación para hacer que tu negocio se muestre como una entidad verdaderamente profesional, en la que se puede confiar. Muchos emprendedores nuevos dan demasiada importancia a este problema, queriendo capturar cada punto característico de lo que son y lo que piensan que hace a su negocio tan especial. Tampoco entienden lo que busca el típico visitante cuando hace clic dentro de su sitio. La forma en que actualmente la gente usa Internet, a menudo te da solo unos pocos segundos para capturar el interés y convencer al visitante de que continúe leyendo.

La página de inicio de tu sitio web puede ser tan simple como una frase sencilla y un párrafo de exposición que resuma lo que tu compañía hace, lo que la hace única, a quién está dirigida, y qué quieres que haga el lector a continuación. También puede ir más allá, detallando algunos de los valores de la compañía y proposiciones de venta de tu producto emblemático para atraer más lectura. Dependiendo de cuánto tengas que decir, puedes expandir tu mensaje en tu página de Quiénes Somos, Productos/Servicios, Preguntas Frecuentes, y otras. Necesitas o pasar suficiente tiempo en línea para familiarizarte con tendencias y prácticas modernas, o de otro modo pagarle a alguien con experiencia en el área.

La mercadotecnia en Internet trata de hacer que los desconocidos te presten atención. Eso significa que tienes que ir hacia donde pasan el tiempo y dejarles una razón irresistible para desviar sus mentes hacia a ti. Incluso en el contexto de un internet relativamente joven, hay muchas formas de hacerlo, y las oportunidades continúan creciendo cada año. Aquí hay solo unas pocas categorías a tomar en cuenta.

Publicidades de Pago

Las formas más comunes de publicidad de pago en Internet incluyen *banners* en sitios web, blogs patrocinados en las redes sociales, publicidades pre-video en Youtube, y así sucesivamente. Son muy efectivas si tienen un mensaje muy corto y claro, y unos grupos demográficos objetivo muy bien definidos. No querrías pagar por publicidad general mostrada a personas completamente aleatorias, con la esperanza de que unos pocos sean incitados a dar clic hacia tu sitio web. Esta es una forma rápida de explotar tu presupuesto.

Marketing de Contenido

Otra forma de captar la atención de la gente es teniendo algo valioso que estén buscando activamente. Las redes sociales, el blogueo, las difusiones multimedia, y canales de YouTube son formas muy efectivas de aumentar orgánicamente la cantidad de seguidores a través de contenido valioso. Para los tipos de persona adecuados, esta es una excelente estrategia, pero generalmente toma mucho tiempo ver resultados significativos.

Difusión en Frío

El ejemplo anterior requiere esperar a que alguien te note. Pueden ser consideradas formas de mercadotecnia pasiva o indirecta. Son análogas para crear una trampa, haciéndola lo más atractiva posible y esperando que la presa adecuada caiga en ella. Un enfoque más directo podría ser ir de cacería, lo que significa alcanzar a las personas cuando incluso no te estén buscando. No hay nada que te frene para llamar, enviar correos electrónicos o físicos, o incluso yendo de puerta en puerta promocionando tu negocio a cualquiera que muestre públicamente su información de contacto.

Aparecer de la nada en la bandeja de entrada de alguien o en su teléfono es una tarea desalentadora para la mayoría de las personas. No les gusta la actitud de perseguir al objetivo con la lanza en la mano, confiando solo en su fuerza e ingenio para derribarlo. Con práctica, puedes aprender a presentarte de una forma que haga que incluso completos desconocidos quieran hablar contigo. Entonces tu difusión será libre y verás oportunidades de prospección en todos lados.

PLATAFORMAS DE TERCEROS

Puedes utilizar plataformas de terceros externos a tu sitio web para publicitar, construir una reputación, y aceptar pagos. Directorios independientes como Upwork, People Per Hour, Fiverr, y otros así, tienen la ventaja de haber cultivado ya un gran público cualificado, y gustosamente te colocan frente a ellos por una tarifa inicial o una parte de lo que cobras. Para productos físicos, sitios de comercio en línea como Amazon o Ebay son excelentes maneras de mostrar lo que tienes.

Pueden trabajar extremadamente bien porque la gente está ya buscando gastar su dinero activamente en ellas, y la mayoría te permite construir comentarios basados en buenas transacciones. El lado negativo es que al final eres controlado por las políticas de los sitios en los que vendes, y usualmente toman una comisión del 10-20% de todo lo que cobras. Sin embargo, ese es un precio pequeño a pagar para que un principiante sin seguidores propios se inicie.

Sobre el Autor

Desde temprana edad, Gregory Diehl comprendió la importancia de los ideales universales. A pesar de ser criado en California, pronto se embarcó en un viaje por el mundo lleno de aprendizaje, de auto descubrimiento, de emprendimiento e indagación. Desde entonces, Gregory ha vivido y trabajado en cuarenta y cinco países y continúa utilizando su experiencia para ayudar a otros a realizarse personalmente a través de la exploración.

El primer libro de Gregory, *Brand Identity Breakthrough*, es un *bestseller* de Amazon. Su segundo libro, *Travel As Transformation*, es la crónica de 10 años de crecimiento personal a través de viajar a cuarenta y cinco países. Su emisión multimedia, *Uncomfortable Conversations with Gregory*, trata el fundamento de las concepciones de las personas sobre sí mismas. Él ayuda a los emprendedores a preparar mensajes de valor complejos a través de muchos medios, y ofrece entrenamiento de un estilo de vida poco convencional, y consultoría de identidad de marca para individuos apasionados.

En su tiempo libre, Gregory secuestra felinos de las calles alrededor del mundo y los baña en su lavabo antes de pasearlos entre desconocidos.

Conócelo en www.gregorydiehl.net

Descubra dónde viven ideas únicas y significativas.

Haz clic "Me gusta" en nuestra página de
Facebook.com/IdentityPublications

Seguirnos en
Twitter.com/identitypublic

Suscríbase a nuestro canal de
Youtube.com/c/IdentityPublications

Más información sobre nuestro enfoque de publicación:
IdentityPublications.com